AF723494

Fair
(ver)mieten
4. Auflage

Vertrags-
abschluss

Kaution,
Befristung,
Mietende

Zulässiger
Mietzins

Verein für Konsumenteninformation
Erwin Bruckner
Martin Gruber

Fair (ver)mieten

4., aktualisierte Auflage

Impressum

Herausgeber
Verein für Konsumenteninformation (VKI)
Linke Wienzeile 18, 1060 Wien
ZVR-Zahl 389759993
Tel. 01 588 77-0, Fax 01 588 77-73, E-Mail: konsument@vki.at
www.vki.at I www.konsument.at

Geschäftsführer
Dr. Josef Kubitschek
Mag. Dr. Rainer Spenger

Autoren
Erwin Bruckner
Martin Gruber

Lektorat
Doris Vajasdi

Produktion
Günter Hoy

Foto Umschlag
iStockphoto/nico_blue

Druck
Holzhausen Druck GmbH.,
2120 Wolkersdorf

Stand
Jänner 2019

Aktualisierungen, bedingt durch mögliche gesetzliche Änderungen, stellen wir auf www.konsument.at/fairvermieten zur Verfügung.

Bestellungen
KONSUMENT Kundenservice
Mariahilfer Straße 81, A-1060 Wien
Tel. 01 588 774, Fax 01 588 77-72
E-Mail: kundenservice@konsument.at

Wir sind bemüht, so weit wie möglich geschlechtsneutrale Formulierungen zu verwenden. Wo uns dies nicht gelingt, gelten die entsprechenden Begriffe im Sinne der Gleichbehandlung grundsätzlich für beide Geschlechter.

Bibliografische Information der Deutschen Nationalbibliothek
Die Deutsche Nationalbibliothek verzeichnet diese Publikation in der Deutschen Nationalbibliografie; detaillierte bibliografische Daten sind im Internet über http://dnb.d-nb.de abrufbar.

Verein für Konsumenteninformation
ISBN 978-3-99013-086-5

€ 19,90

Zu diesem Buch

Sie haben ein Einfamilienhaus geerbt und grübeln über der schwierigen Frage: verkaufen oder lieber doch vermieten? Ihnen gehört eine Eigentumswohnung, die seit Längerem leer steht. Ihre Kinder können oder möchten dort in absehbarer Zeit nicht einziehen. Monat für Monat fallen daher für Sie nur Kosten an. Sie möchten die Wohnung deshalb auf einige Jahre vermieten, sind aber unsicher, ob das so einfach geht?

Immobilienbesitz ist eine feine Sache, bringt aber auch eine Menge Belastungen mit sich. Wer mäht in Ihrem Haus im Sommer das Gras, wer reinigt im Winter den Gehsteig von Schnee, wenn niemand dort wohnt? Wer öffnet dem Rauchfangkehrer die Tür, wer liest den Strom-, Wasser- oder Gaszähler ab? Und, so viel steht fest: Auch die Bausubstanz wird durch einen Leerstand nicht besser, im Gegenteil. Ganz zu schweigen von den Zahlungen, die – ob die Immobilie nun bewohnt wird oder nicht – regelmäßig anfallen.

Ein Mieter muss also her, wenn Sie sich von Ihrem Besitz nicht trennen wollen oder können. Doch wie genau gehen Sie die Sache an? Das österreichische Mietrecht ist mehr als kompliziert. Je nachdem, ob es sich um ein Einfamilienhaus, eine Alt- oder eine Neubaueigentumswohnung handelt, kommen andere Bestimmungen zur Anwendung. Dazu noch die zahlreichen Novellierungen des Wohnrechts. Da verlieren selbst Profis leicht den Überblick.

Dieses Buch zeigt Ihnen, welche Möglichkeiten Sie als Vermieter haben. Es erklärt einfach und praxisnah die rechtlichen Grundlagen: Wer darf überhaupt vermieten? Was sollte in einem Mietvertrag stehen? Wie viel Miete können Sie verlangen? Wofür haften Sie und welche Erhaltungspflichten treffen Sie als Vermieter? Wann endet ein Mietverhältnis? Wie sieht es aus mit Befristungen und unter welchen Umständen können Sie Ihrem Mieter einfach kündigen?

Der VKI hat als Service für Sie Mustermietverträge konzipiert, die für den privaten Bereich geeignet sind. Ihr Abdruck würde allerdings den Rahmen dieses Buches sprengen, da sie sehr umfangreich sind und einiger Erläuterungen bedürfen. Zum Download der Vertragsmuster kommen Sie über www.konsument.at/mustermietvertraege.

Ihr KONSUMENT-Team

Inhalt

Grundbegriffe

Bevor Sie vermieten, sollten Sie sich gründlich informieren, denn die gesetzliche Lage ist reichlich kompliziert. Nur wenn Sie die Rahmenbedingungen kennen, lassen sich unangenehme Überraschungen vermeiden.

Von entgeltlich bis unentgeltlich

Machen Sie sich mit den gesetzlichen Rahmenbedingungen vertraut, bevor Sie vermieten

Miete ist die entgeltliche Überlassung einer Sache zur Verwendung. Anders gesagt: Der Vermieter gestattet seinem Mieter, eine bestimmte Sache gegen Entgelt zu benützen. Die wichtigsten Gesetze für Mietverhältnisse finden sich im Allgemeinen Bürgerlichen Gesetzbuch (ABGB) und im Mietrechtsgesetz (MRG). Die meisten Bestimmungen des Mietrechtsgesetzes können vertraglich nicht abgeändert werden. Die Bestimmungen des Allgemeinen Bürgerlichen Gesetzbuches dagegen lassen ein größeres Ausmaß an Vertragsfreiheit zu. Bevor Sie vermieten, sollten Sie sich unbedingt mit den rechtlichen Rahmenbedingungen vertraut machen. Dieses Buch, in dem wir uns mit der gänzlichen oder teilweisen Vermietung von Eigentumswohnungen bzw. Ein- oder Zweifamilienhäusern beschäftigen, wird Ihnen helfen, sich in der nicht unkomplizierten Materie Mietrecht leichter zurechtzufinden.

Miete

Bei einer Vermietung ist zu unterscheiden zwischen:

- Eigentumswohnungen, für die das Mietrechtsgesetz voll gilt: sogenannte Altbaueigentumswohnungen (► Seite 81)
- Eigentumswohnungen, für die das Mietrechtsgesetz teilweise gilt, sogenannte Neubaueigentumswohnungen (► Seite 121)
- Ein- und Zweifamilienhäusern sowie Ferien- oder Zweitwohnungen, für die das Mietrechtsgesetz überhaupt nicht gilt. Wir fassen diesen Bereich unter dem Stichwort Einfamilienhaus (► Seite 135) zusammen.

Privat vermieten

Das Buch wurde für die private Vermietung geschrieben. Es handelt also von der Vermietung durch Personen, die nicht als Unternehmer im Sinne des Konsumentenschutzgesetzes (KSchG) gelten. Ein Vermieter ist Unternehmer im Sinne des KSchG, wenn er mehr als fünf Wohnungen vermietet (Faustregel).

Familienangehörige

Lassen Sie als Verfügungsberechtigter einer Wohnung nahe Familienangehörige bei sich wohnen, geschieht das meist ohne vertragliche Grundlage. Soweit nicht familienrechtliche Pflichten bestehen (Ehegatte, nicht selbsterhaltungsfähige Kinder), können solche bloß faktischen Wohnverhältnisse vom Verfügungsberechtigten jederzeit beendet werden. Auch ein Lebensgefährte ist kein Mieter, weshalb er beim Scheitern der Beziehung grundsätzlich keinen Rechtsanspruch hat, die gemeinsame Wohnung weiter zu benützen. Dass sich der Lebensgefährte an den Kosten des gemeinsamen Haushalts beteiligt hat, ändert daran nichts. Auch die Bezahlung von sogenanntem Kostgeld selbsterhaltungsfähiger, volljähriger Kinder, die noch bei den Eltern wohnen, führt in der Regel nicht zu einem Mietverhältnis.

Das Allgemeine Bürgerliche Gesetzbuch (ABGB) gilt für Mietverhältnisse nur insoweit, als es nicht durch das Mietrechtsgesetz (MRG) verdrängt wird. Für die Vermietung eines Ein- oder Zweifamilienhauses und die Vermietung von Ferien- oder Zweitwohnungen gelten daher nur die Bestimmungen des ABGB. Der Einfachheit halber verwenden wir in diesem Buch im Folgenden immer den Sammelbegriff Einfamilienhaus, wenn wir über die Besonderheiten von Mietverhältnissen sprechen, für die das MRG überhaupt nicht gilt. Selbstverständlich gelten diese Regeln dann auch für Zweifamilienhäuser und für Ferien- oder Zweitwohnungen. Auf die angesprochene Unterscheidung wird in diesem Ratgeber ab ► Seite 77 besonders eingegangen. Zunächst aber widmen wir uns Fragen und Problemstellungen, die bei jeder Vermietung auftauchen.

Prekarium

Miete ist entgeltliche Gebrauchsüberlassung

Ein entscheidendes Kriterium des Mietvertrages ist die Entgeltlichkeit. Das Entgelt muss nicht immer Geld (Mietzins) sein. Die Entgeltlichkeit kann auch in der Verpflichtung des Mieters zu gewissen Reparaturarbeiten oder Dienstleistungen liegen.

Die wichtigste Form der unentgeltlichen Gebrauchsüberlassung ist das Prekarium (Bittleihe). Beim Prekarium gestattet der Verfügungsberechtigte dem Prekaristen, die Eigentumswohnung oder das Einfamilienhaus unentgeltlich und auf jederzeitigen Widerruf zu benützen. Anders als ein Mietverhältnis kann ein Prekarium also jederzeit, ohne Beachtung von Fristen, Terminen und Beendigungsgründen, beendet werden. Zu Beweiszwecken ist auch beim Prekarium eine schriftliche Vertragsurkunde zu empfehlen, aus der die Unentgeltlichkeit und die jederzeitige Widerrufbarkeit der Gebrauchsüberlassung klar hervorgehen.

Unentgeltlich heißt noch lange nicht kostenlos

Unentgeltlich heißt hier nicht, dass überhaupt keine Kosten vom Prekaristen getragen werden dürfen. Die Grenze zur Entgeltlichkeit und damit zum Vorliegen eines Mietverhältnisses ist aber nicht einfach zu ziehen. Unentgeltlichkeit liegt sogar dann noch vor, wenn nur die Kosten, die durch den Gebrauch der Wohnung oder des Einfamilienhauses entstehen (im Wesentlichen also die Wohnungsbetriebskosten wie Gas, Strom, Telefon etc.), vom Mieter zu tragen sind. Wenn Sie als Vermieter darüber hinaus weitere Kosten auf den Mieter überwälzen, kann das zur Entgeltlichkeit und damit zum Entstehen eines unbefristeten Mietvertrages mit allen rechtlichen Konsequenzen (z.B. Kündigungsschutz bei Eigentumswohnungen) führen.

Pacht

Im ABGB werden Miete und Pacht unter dem gemeinsamen Übergriff „Bestandvertrag" geregelt. Während bei der Miete der bloße Gebrauch der Sache, z.B. das Wohnen in einem Einfamilienhaus, im Vordergrund steht, geht es bei der Pacht um die Nutzung der Sache, die über den bloßen Gebrauch hinausgeht, also um die Bewirtschaftung oder Gewinnerzielung. Wird ein großer Obstgarten samt Wirtschaftsgebäude entgeltlich zu Gebrauch und Nutzung überlassen, liegt nicht Miete, sondern Pacht vor, wenn es dabei primär um die Verwertung des Obstes geht.

Fruchtgenuss und Wohnrecht

Fruchtgenuss ist das vom Liegenschaftseigentümer eingeräumte Recht, die Eigentumswohnung bzw. das Einfamilienhaus zu nutzen oder zu vermieten, nicht aber zu verkaufen. Der Fruchtnießer gilt als so genannter wirtschaftlicher Eigentümer der Liegenschaft. Das Fruchtgenussrecht ist grundsätzlich im Grundbuch einzutragen. Es ist ein stärkeres Recht als die Pacht.

Der Fruchtnießer gilt als wirtschaftlicher Eigentümer der Liegenschaft

Das Wohnrecht (nach § 521 ABGB) ist das Recht, eine Wohnung oder ein Einfamilienhaus auf Lebenszeit zu benutzen, nicht aber zu vermieten. Wie das Fruchtgenussrecht ist auch das Wohnrecht grundsätzlich im Grundbuch einzutragen.

Ein typischer Anwendungsfall für die Einräumung eines solchen Wohnrechtes wäre, wenn Eltern ihre Eigentumswohnung oder ihr Einfamilienhaus schon zu Lebzeiten auf ihr Kind überschreiben, den Eltern das weitere Wohnen darin aber rechtlich zugesichert wird (Übergabevertrag).

Wer darf vermieten?

Vermieten darf, wer über das Mietobjekt verfügungsberechtigt ist:

- der Wohnungseigentümer
- die Eigentümerpartner gemeinsam, wenn die Wohnung im Eigentum von zwei Partnern (zwei Personen halten je 50 Prozent der Miteigentumsanteile) steht. Ein Eigentümerpartner alleine ist nicht verfügungsberechtigt. Er muss vor einer Vermietung die Zustimmung des anderen Eigentümerpartners einholen. Bei Vermietung sind beide Eigentümerpartner Vertragspartner des Mieters.

Überstimmt

Ein Einfamilienhaus steht im Miteigentum der Geschwister Anna, Berta und Christian. Der Miteigentumsanteil von Anna beträgt 50 Prozent, die Miteigentumsanteile von Berta und Christian betragen je 25 Prozent. Anna als Hälfteeigentümerin ist nicht alleine verfügungsberechtigt. Im Alleingang darf sie das Einfamilienhaus nicht vermieten. Wenn Anna die Vermietung zu üblichen Bedingungen gemeinsam mit Berta beschließt, kann sich Christian nicht dagegen wehren. Mit Vornahme der Vermietung durch Anna und Berta wird auch Christian Vertragspartner des Mieters.

Gefördert?

Wurde ein Mietobjekt mit Wohnbauförderung errichtet oder saniert, müssen Sie vor einer Vermietung die jeweiligen Landesförderungsvorschriften beachten. Ein Verstoß gegen die Förderauflagen könnte zu einem Verlust der Wohnbauförderung (Rückforderung von Fördermitteln) führen. Auskunft erhalten Sie bei der Landesförderstelle Ihres Bundeslandes.

- der Wohnungseigentumsbewerber (das sind Sie erst nach Zusage der WE-Begründung durch den WE-Organisator). Der WE-Bewerber darf einen Mietvertrag im eigenen Namen abschließen und auch wieder beenden. Bis zur tatsächlichen Begründung von Wohnungseigentum gelten vorübergehend aber sämtliche Miteigentümer der Liegenschaft als Vertragspartner des Mieters.
- der Alleineigentümer eines Einfamilienhauses
- die Mehrheit der Miteigentümer eines Einfamilienhauses (mehr als 50 Prozent der Anteile), wenn zu üblichen Bedingungen an einen Nicht-Miteigentümer vermietet wird. Bei Vermietung werden auch die von der Mehrheit überstimmten Miteigentümer Vertragspartner des Mieters.
- sämtliche Miteigentümer eines Einfamilienhauses gemeinsam (100 Prozent der Anteile), wenn zu unüblichen Bedingungen (z.B. extrem niedriger Mietzins) oder an einen der Miteigentümer vermietet wird. Auch hier werden bei Vermietung sämtliche Miteigentümer Vertragspartner des Mieters.
- der Fruchtnießer (► Seite 12), falls ein Fruchtgenussrecht am Mietobjekt eingeräumt wurde.

Das Grundbuch wird bei den Bezirksgerichten geführt

Bitte beachten Sie, dass Sie das Eigentum an Liegenschaften oder Liegenschaftsanteilen grundsätzlich erst mit der Eintragung im Grundbuch erwerben. Das Grundbuch ist ein öffentliches Register, das bei den Bezirksgerichten geführt wird. Eine Ausnahme davon gibt es im Erbschaftsverfahren, wo das Eigentum bereits mit der gerichtlichen Einantwortung der Erbschaft durch das Gericht erworben wird. Eine weitere Ausnahme findet sich im Zwangsversteigerungsverfahren, wo bei Ersteigerung einer Liegenschaft der Eigentumserwerb bereits mit der gerichtlichen Zuschlagserteilung erfolgt. Wenn sich die Verfügungsberechtigung nicht aus dem Grundbuch ergibt, muss sie durch eine geeignete Urkunde (Einantwortungsurkunde, Kaufvertragsurkunde etc.) nachgewiesen werden.

Hauptmiete und Untermiete

Vermietet der Wohnungseigentümer, liegt Hauptmiete vor

Ob Haupt- oder Untermiete vorliegt, hängt nur davon ab, von wem vermietet wird. Wie das Mietverhältnis bezeichnet wird, ist dabei egal. Bei Vermietung durch den Eigentümer oder Wohnungseigentümer (Verfügungsberechtigten, ► Seite 13) entsteht ein Hauptmietverhältnis. Untermiete liegt vor, wenn ein Mietobjekt vom Hauptmieter weitervermietet wird. Ein Untermietverhältnis hängt daher vom Bestand eines Hauptmietverhältnisses ab. Wird das Hauptmietverhältnis aufgelöst, endet auch das Recht des Untermieters, das Mietobjekt zu gebrauchen. Zwischen Eigentümer (Verfügungsberechtigtem) und Untermieter besteht dagegen kein Vertragsverhältnis.

Prinzipiell kann die gänzliche oder teilweise Untervermietung oder (unentgeltliche) Weitergabe des Mietobjektes an dritte Personen dem Hauptmieter mietvertraglich untersagt werden. Nur bei Altbaueigentumswohnungen (Vollanwendungsbereich MRG) steht einem Hauptmieter die teilweise Untervermietung selbst bei einem vertraglichen Verbot unter bestimmten Voraussetzungen zu. Verstöße gegen ein wirksames Untervermiet- oder Weitergabeverbot können mit Unterlassungsklage geahndet werden. Bei gänzlicher Untervermietung kommt auch eine Vertragsbeendigung (Kündigung des Hauptmieters) in Betracht.

Untermieter benachteiligt

Die Wohnungseigentümerin Frau Huber vermietet ihre Eigentumswohnung an Herrn Müller. Der Hauptmieter Herr Müller vermietet die Wohnung an Herrn Maier weiter. Beendet Frau Huber den Hauptmietvertrag, weil Herr Müller mit Mietzinszahlungen säumig ist, muss auch Herr Maier die Wohnung räumen. Dass Herr Maier den Untermietzins immer pünktlich an seinen Untervermieter Herrn Müller gezahlt hat, ändert daran nichts. Allenfalls kann Herr Maier Schadenersatzforderungen gegen Herrn Müller geltend machen.

Familie erlaubt

Auch Einschränkungen haben Grenzen: Einem Hauptmieter kann vertraglich nicht wirksam untersagt werden, dass er Familienangehörige oder Lebensgefährten bei sich wohnen lässt oder Besucher empfängt. Unterlassung kann hier nur in begründeten Einzelfällen verlangt werden, etwa wenn wegen erheblichen Überbelags nachteilige Folgen (Schimmelbildung) drohen oder andere unzulässige Störungen vorliegen.

Unbefristete und befristete Mietverhältnisse

Unbefristet ist ein Mietverhältnis, wenn der Mietvertrag auf unbestimmte Dauer abgeschlossen wird. Das Vertragsende bleibt beim unbefristeten Mietverhältnis also zunächst einmal offen. Die unbefristete Vermietung von Eigentumswohnungen ist nicht üblich, weil solche Mietverhältnisse (im Voll- und im Teilanwendungsbereich des MRG) dem gesetzlichen Kündigungsschutz unterliegen und vom Vermieter deshalb nur sehr eingeschränkt beendet werden können. Bei Einfamilienhäusern (ABGB-Miete) gilt der gesetzliche Kündigungsschutz nicht. Ein unbefristeter Mietvertrag über ein Einfamilienhaus kann von beiden Seiten grundsätzlich ohne Angabe von Gründen aufgekündigt werden.

Befristet ist ein Mietverhältnis, wenn der Mietvertrag auf bestimmte Dauer abgeschlossen wird. Hier gilt die Vereinbarung, dass das Mietverhältnis nach einer gewissen Laufzeit endet, ohne dass dazu eine Kündigung erforderlich sein wird. Der befristete Mietvertrag erlischt daher grundsätzlich automatisch durch Ablauf der vereinbarten Zeit. Dennoch sollten Sie als Vermieter nicht auf den vereinbarten Endtermin vergessen, damit es zu keinen unerwünschten Konsequenzen kommt (▶ Seite 109, 132 und 146). Eine vorzeitige Beendigung befristeter Mietverhältnisse ist für beide Vertragspartner nur eingeschränkt möglich.

Eigentumswohnungen (Voll- und Teilanwendungsbereich MRG) werden wegen des gesetzlichen Kündigungsschutzes zumeist nur befristet vermietet. Damit die Befristung aber auch hält, muss sie, wie gesetzlich vorgesehen, schriftlich festgehalten werden. Die Schriftform für die befristete Vermietung von Eigentumswohnungen gilt auch für befristete

Airbnb

Die regelmäßige kurzfristige Vermietung einer Eigentumswohnung als „Appartement" an Touristen, z.B. über eine Internetplattform, widerspricht im Regelfall dem widmungsgemäßen Benützungsrecht eines Wohnungseigentümers. In einer typischerweise zu Dauerzwecken gewidmeten und genutzten Wohnhausanlage dürfen solche Vermietungen wegen der höheren Frequentierung des Wohnhauses durch ständig wechselnde, hausfremde Personen nur mit Zustimmung der anderen Wohnungseigentümer vorgenommen werden.

Vertragsverlängerungen. Eine befristete Vermietung zu Wohnzwecken muss bei Eigentumswohnungen zudem auf drei Jahre oder länger als auf drei Jahre erfolgen. Andernfalls wäre die Befristung nicht durchsetzbar und es würde ein unbefristetes Mietverhältnis entstehen. Diese dreijährige Mindestbefristung gilt auch für befristete Vertragsverlängerungen. Solche Vertragsverlängerungen sind nach derzeitiger Rechtslage beliebig oft möglich (Kettenmietverträge), müssen aber jedes Mal wieder auf drei Jahre oder länger abgeschlossen werden, damit kein unbefristetes Mietverhältnis entsteht.

Bei Eigentumswohnungen muss auf mindestens 3 Jahre vermietet werden

Bei Einfamilienhäusern (ABGB-Miete) gilt das gesetzliche Schriftformerfordernis für eine befristete Vermietung nicht. Hier sind auch bloß mündlich vereinbarte Befristungen wirksam. Eine schriftliche Vertragsurkunde ist dennoch zu empfehlen. Bei Einfamilienhäusern muss auch keine Mindestbefristung eingehalten werden.

Vertragsverhältnis und Vertragspartner

Ein klar formulierter Mietvertrag mit allen wichtigen Eckdaten wie Ausstattung der Wohnung, Höhe des Mietzinses und Befristung des Mietverhältnisses gibt nicht nur Ihrem Mieter, sondern auch Ihnen die nötige Rechtssicherheit.

Wie kommt ein Mietverhältnis zustande?

Vorsicht, zu einem Mietvertrag kann es auch stillschweigend kommen

Miete ist ein Vertragsverhältnis. Ein Mietvertrag kommt durch einander entsprechende Vertragserklärungen von Vermieter und Mieter zustande. Der Vermieter erklärt verbindlich, dem Mieter die Benützung des Mietobjektes gegen Bezahlung eines bestimmten Mietzinses zu gestatten. Der Mieter erklärt verbindlich, dass er das Mietobjekt zu diesem Mietzins benützen möchte. Der Mietvertrag ist also die verbindliche Einigung zwischen Vermieter und Mieter. Ein Mietvertrag darf nicht automatisch mit der schriftlichen Mietvertragsurkunde gleichgesetzt werden, die Auskunft über den näheren Inhalt der Einigung gibt. Mietverträge können auch mündlich oder sogar schlüssig (stillschweigend) zustande kommen.

Wir empfehlen dringend, Mietverträge nur schriftlich abzuschließen. Bei mündlichen Mietverträgen kann es zu unliebsamen Überraschungen kommen. Spätere Streitigkeiten werden damit geradezu herausgefordert. Gefährlich sind mündliche Mietverträge vor allem bei der Vermietung von Eigentumswohnungen, weil Befristungen hier nur durchsetzbar sind, wenn sie schriftlich vereinbart wurden (► Seite 16).

Schlüssiger Mietvertrag

Herr Heinz hält sich die meiste Zeit in der Wohnung seiner Lebensgefährtin auf und gestattet seinem eben erst geschiedenen Freund Egon, „vorübergehend" in seiner 50 m² großen Eigentumswohnung zu wohnen. Herr Heinz schaut nur noch gelegentlich vorbei, um die Post abzuholen. Um sich erkenntlich zu zeigen, bezahlt ihm sein Freund Egon jeden Monat 200 Euro. Von Miete haben die beiden nie gesprochen. Schriftlich wurde nichts festgehalten. Dennoch liegt damit eine entgeltliche Gebrauchsüberlassung der Eigentumswohnung vor. Nimmt Herr Heinz die 200 Euro regelmäßig an, kommt schlüssig (stillschweigend) ein Mietvertrag zustande. Es handelt sich dabei um einen unbefristeten Hauptmietvertrag mit Kündigungsschutz. Gegen den Willen des Mieters kann das Mietverhältnis durch Herrn Heinz nur bei Vorliegen eines gesetzlichen Kündigungsgrundes beendet werden.

Damit Sie sich als Vermieter nicht vorschnell binden, macht es Sinn, Mietinteressenten darauf hinzuweisen, dass der Vertragsabschluss erst mit Unterzeichnung der Mietvertragsurkunde erfolgt und bis dahin von Ihnen nur unverbindlich verhandelt wird. Das gilt auch für Korrespondenzen im Vorfeld einer Vermietung (schriftlich, per E-Mail oder Telefax), wo Beisätze wie „vorerst unverbindlich" oder „Bindung erst mit Mietvertragsurkunde" Sie jedenfalls vor einem verfrühten Vertragsabschluss mit möglichen nachteiligen Folgen bewahren.

Rücktrittsrecht des Mieters

Das Konsumentenschutzgesetz (KSchG) räumt Mietern ein Rücktrittsrecht ein, wenn diese am Tag der Erstbesichtigung des Mietobjektes eine Vertragserklärung zur Anmietung abgeben. Zweck dieser Bestimmung ist es, Wohnungssuchende vor Überrumpelung zu schützen. Dieses Rücktrittsrecht gilt auch gegenüber privaten Vermietern – eine Unternehmereigenschaft des Vermieters oder die Beauftragung eines Maklers ist dafür nicht erforderlich.

Das Konsumentenschutzgesetz schützt Wohnungssuchende vor Überrumpelung

Ob die Vertragserklärung des Mieters mündlich, mit schriftlichem Mietanbot oder gleich auf der Mietvertragsurkunde erfolgt ist, macht keinen Unterschied. Das Rücktrittsrecht steht einem Mieter aber nur zu, wenn das Mietobjekt der Hauptwohnsitz des künftigen Mieters oder eines nahen Angehörigen des Mieters hätte werden sollen, also nicht bei Anmietung zu Ferien- oder Zweitwohnzwecken! Ein Mieter kann das Rücktrittsrecht bis spätestens einen Monat ab Abgabe seiner Vertragserklärung ausüben. Wurde der Mieter schriftlich über dieses Rücktrittsrecht belehrt, beträgt die Frist jedoch nur eine Woche ab Vertragserklärung.

Wichtige Inhalte eines Mietvertrages

Mietvertragspartner. Führen Sie Name und (derzeitige) Anschrift von Ihnen als Vermieter und vom künftigen Mieter an. Ein Hinweis auf Ihre Verfügungsberechtigung als Vermieter (Alleineigentümer, Mehrheitseigentümer, Wohnungseigentümer etc.) sollte ebenfalls erfolgen. Aus dieser Verfügungsberechtigung ergibt sich, ob Haupt- oder Untermiete vorliegt.

Mietobjekt. Halten Sie die Adresse Ihres zu vermietenden Objektes fest und beschreiben Sie das Mietobjekt genau. Geben Sie die (ungefähre) Nutzfläche, die Anzahl der Räume (Wohnraum, Küche, Bad, WC etc.) und die weitere Ausstattung der Wohnung (Beheizung, Möblierung) an; weiters die mitvermieteten Nebenräume und Nebenflächen (Kellerabteil, Garten, Kfz-Abstellplatz) sowie Benützungsrechte an sonstigen Anlagen des Gebäudes.

Zustand bei Vermietung. Hier beschreiben Sie, in welchem Zustand sich das Mietobjekt bei Vermietung befindet („sehr gut", „abgewohnt", „brauchbar" etc.). Achten Sie darauf, dass der angegebene Zustand auch wirklich vorliegt. Da das Mietobjekt von Ihnen als Vermieter im vereinbarten Zustand zu übergeben ist, sollten Sie – um Gewährleistungsfolgen zu vermeiden – auf bestehende Mängel hinweisen. Soweit bis zur Übergabe des Objektes von Ihnen noch Veränderungen vorgenommen werden, sind diese ausreichend zu beschreiben. Halten Sie dafür einen Fertigstellungstermin fest, damit keine Meinungsverschiedenheiten auftreten.

In den Mietvertrag muss alles Wichtige für beide Vertragsparteien hinein

Verwendungszweck. Fixieren Sie, zu welchem Zweck das Mietobjekt von Ihrem Mieter verwendet werden darf (als Wohnung, Ferienwohnung, Büro, Geschäft oder zu gemischten Zwecken). Durch eine unrichtige Bezeichnung des Zweckes lassen sich gesetzliche Schutzbestimmungen übrigens nicht umgehen.

Rechtliche Einstufung. Ein Hinweis darauf, ob das Mietrechtsgesetz für das Mietverhältnis ganz, teilweise oder gar nicht gilt, ist immer sinnvoll. Etwa: „Die zu vermietende Wohnung liegt in einem Zweifamilienhaus, weshalb das Mietrechtsgesetz auf das Mietverhältnis nicht anzuwenden ist."

Vertragsdauer. Halten Sie fest, wann das Mietverhältnis beginnt (Übergabe an den Mieter) und ob das Mietverhältnis befristet (für einen bestimmten Zeitraum) oder unbefristet abgeschlossen wird. Bei der befristeten Vermietung von Eigentumswohnungen müssen Sie auf die Einhaltung der gesetzlichen Mindestbefristung (drei Jahre) achten.

Kündigungs-/Beendigungsmöglichkeiten. Je nach rechtlicher Einstufung des Mietverhältnisses können die gesetzlichen Kündigungs- und Beendigungsmöglichkeiten von beiden Vertragsparteien in verschieden weitem Umfang modifiziert werden. Aber auch dort, wo es bei den jeweiligen gesetzlichen Kündigungs- und Beendigungsgründen bleiben soll, ist es zweckmäßig, darüber in der Vertragsurkunde zu informieren.

Mietzins und Wertsicherung. Neben der Angabe von Höhe und Fälligkeit des Mietzinses müssen Sie klarstellen, was im vereinbarten Mietzins genau enthalten ist bzw. ob es sich um einen fixen Betrag handelt oder Teile davon (Betriebskosten) in variabler Höhe vorgeschrieben werden. Eine Wertsicherungsklausel (Erhöhung entsprechend der Inflationsrate) ist auf jeden Fall empfehlenswert, wenn das Mietverhältnis unbefristet oder mit langer Befristungsdauer abgeschlossen wird. Ein Hinweis zur Umsatzsteuer soll klarstellen, ob diese verrechnet wird oder nicht (► Seite 78).

Halten Sie schriftlich fest, was genau im vereinbarten Mietzins enthalten ist

Kaution. Geben Sie Höhe und Zweck einer vereinbarten Kaution an und in welcher Form die Kaution gestellt wird.

Erhaltung des Mietobjektes. Bei diesem Vertragspunkt geht es darum, klarzustellen, in welchem Umfang die laufende Instandhaltung des Mietobjektes von Ihnen als Vermieter und in welchem Umfang sie von Ihrem Mieter zu tragen ist.

Veränderungen und Investitionsersatz. Geben Sie an, welche Veränderungen Ihr Mieter am Mietobjekt vornehmen darf und welche Investitionen bei Mietende von Ihnen abgelöst werden.

Energieausweis. Halten Sie den Ersteller und das Datum des Energieausweises fest.

Auf dem letzten Stand

Falls Sie für die Vertragserrichtung keinen Profi – Anwalt oder Notar – beiziehen, sondern Mietvertragsvordrucke verwenden, achten Sie darauf, dass die rechtliche Einstufung passt und das Vertragsformular aktuell ist. Die Wohnrechtsnovelle 2015 ist mit 1. Jänner 2015 in Kraft getreten.

Befund über die elektrische Anlage der Wohnung. Die Elektrotechnikverordnung verpflichtet den Vermieter zur Übergabe eines Nachweises über den ordnungsgemäßen Zustand der elektrischen Anlage.

Versicherung. Zweckmäßig ist ein Vertragspunkt zur Abklärung bestehender oder abzuschließender Versicherungsvertragsverhältnisse (Haushaltsversicherung, Eigenheimversicherung).

Weitere Vertragspunkte. Sie kommen vor allem in Betracht für:

- die Weitergabe/Untervermietung des Objektes durch einen Mieter
- die Haustierhaltung
- gegenseitige Informations- und Anzeigepflichten
- das Betreten der Wohnung durch Sie als Vermieter
- den Zustand des Mietobjektes bei Mietende (Rückstellung)

Wollen Sie möbliert vermieten, sollten Sie eine Inventarliste erstellen

Hausordnung und Inventarliste. Eine allenfalls bestehende Hausordnung (etwa unter den Wohnungseigentümern des Gebäudes) sollte zu einem integrierenden Bestandteil des Mietvertrages gemacht und damit auf den Mieter überwälzt werden. Vor allem wenn Sie möbliert ver-

Vertrag verpflichtet

Zwei Lebensgefährten möchten eine Eigentumswohnung anmieten. Sie wollen beide als Hauptmieter in der Mietvertragsurkunde genannt werden und unterschreiben diese auch beide als (Mit-)Mieter. Zwei Jahre später trennt sich das Paar und einer von ihnen zieht aus der Wohnung aus. Solange keine neue „Drei-Parteien-Einigung" getroffen wird, haften dem Vermieter weiterhin beide Mitmieter für den Mietzins.

mieten, ist es zu Beweiszwecken ratsam, eine Inventarliste zu erstellen und in der Mietvertragsurkunde darauf zu verweisen.

Mietverhältnis mit mehreren Mietern (Gesamtmietverhältnis)

Wie bereits dargestellt (► Seite 13), kann bei einem Mietverhältnis die Vermieterstellung bei einem einzigen Mietobjekt mehreren Personen (Miteigentümern) gemeinsam zukommen. Es ist aber auch möglich, dass ein Mietobjekt mit einem Mietvertrag an mehrere Mieter gemeinsam vermietet wird. Es liegt dann ein Gesamtmietverhältnis (Mitmiete) vor. Bei einem Gesamtmietverhältnis haften die Mitmieter solidarisch – also jeder zur Gänze – für die Bezahlung des Mietzinses. Mitmieter dürfen den Vertrag nur gemeinsam kündigen. Einer von mehreren Mitmietern kann aus dem Gesamtmietverhältnis nicht ohne Zustimmung des Vermieters aussteigen. Sie als Vermieter müssen bei Gesamtmietverhältnissen beachten, dass Sie z.B. eine Mahnung oder Kündigung an sämtliche Mitmieter zu richten haben. Der Kündigungsgrund „gänzliche Weitergabe" wäre etwa nur erfüllt, wenn sich keiner der Mitmieter mehr regelmäßig im Mietobjekt aufhält.

Mitmieter haften solidarisch für den Mietzins

Achtung. Ein Gesamtmietverhältnis kann nicht nur durch einen entsprechenden Mietvertrag, sondern auch später durch den Tod eines Mieters (► Seite 27) oder die Ausübung eines gesetzlichen Eintrittsrechtes (► Seite 115 und 133) entstehen.

Vermieterwechsel

Weder beim Verkauf einer Liegenschaft noch beim Tod des Vermieters endet ein bestehendes Mietverhältnis. Der Erbe bzw. der Käufer ist als neuer Eigentümer an das bestehende Mietverhältnis gebunden, sodass sich der Abschluss eines neuen Mietvertrages erübrigt. Davon ausgenommen sind nur Absprachen ungewöhnlichen Inhalts, die der Käufer einer Eigentumswohnung nicht kannte oder kennen musste (§ 2 Abs. 1 MRG). Lediglich bei Einfamilienhäusern (ABGB-Miete) gibt es für den Käufer der Liegenschaft ein spezielles Kündigungsrecht, wenn der Mietvertrag nicht im Grundbuch eingetragen ist (► Seite 149).

Mieterwechsel

Ein Weitergabe- oder ein Präsentationsrecht hat ein Mieter nur, wenn der Vermieter es ihm zugesteht. Und zwar entweder schon in der Mietvertragsurkunde oder erst später, etwa kurz vor Mietvertragsbeendigung.

Beim Weitergaberecht läuft der alte Vertrag weiter

Beim Weitergaberecht wird dem Mieter von Ihnen als Vermieter das Recht eingeräumt, nach Belieben eine Person als Nachfolger zu bestimmen, die in den bestehenden Vertrag eintritt. Ausgeübt wird ein Weitergaberecht grundsätzlich durch bloße Mitteilung des bisherigen Mieters und des Eintretenden an den Vermieter. Haben Sie als Vermieter das Weitergaberecht insofern eingeschränkt zugestanden, als gegen die Person des Nachfolgers keine begründeten Bedenken Ihrerseits vorliegen dürfen, hat der Mieter Ihnen vor Ausübung des Weitergaberechtes die Gelegenheit zur Stellungnahme zu geben. Durch die Ausübung eines Weitergaberechtes läuft das bisherige Mietverhältnis zu denselben Konditionen weiter. Es findet nur auf Mieterseite ein Personenwechsel statt. Das vertragliche Weitergaberecht darf nicht mit den gesetzlichen Eintrittsrechten bei Eigentumswohnungen nach § 12 MRG und § 14 MRG (► Seite 27) verwechselt werden.

Einverstanden

Der Mieter einer Eigentumswohnung beabsichtigt, sein Mietverhältnis demnächst zu beenden. Er möchte seine Einbauküche gerne in der Wohnung lassen und ersucht seine Vermieterin deshalb, ihm ein Präsentationsrecht einzuräumen. Der Mieter will einen Nachfolger suchen, der bereit ist, die Wohnung anzumieten und ihm den Zeitwert der Einbauküche abzulösen. Dagegen hat die Vermieterin nichts einzuwenden. Sie ist froh, wenn sie sich nicht selber nach einem neuen Mieter umsehen muss.

Absichern

Sowohl das Weitergaberecht als auch das Präsentationsrecht können Sie als Vermieter mit der Einschränkung erteilen, dass keine sachlich begründeten Bedenken gegen die Person des Nachfolgers gegeben sein dürfen.

Ein Präsentationsrecht (Vorschlagsrecht) ist das dem Mieter vom Vermieter eingeräumte Recht, einen Nachfolger namhaft zu machen, mit dem vom Vermieter ein neuer Mietvertrag abzuschließen ist. Der neue Mietvertrag muss dem bisherigen Mietvertrag grundsätzlich nicht inhaltlich gleichen. Wenn die Konditionen des neuen Mietvertrages mit Einräumung des Präsentationsrechtes aber bereits festgelegt wurden, sind Sie als Vermieter an diese Konditionen gebunden.

Beim Präsentationsrecht wird ein neuer Vertrag abgeschlossen

Tod des Mieters

Durch den Tod eines Mieters wird das Mietverhältnis nicht aufgelöst. Das Mietverhältnis besteht zunächst mit dem Nachlass des Mieters und ab Einantwortung des Nachlasses (Beendigung des Erbschaftsverfahrens) mit den Erben weiter. Für die Bezahlung des Mietzinses haftet nach dem Tod des Mieters zunächst also dessen Nachlass und danach haften die eingeantworteten Erben. Sowohl von Ihnen als Vermieter als auch von den Erben Ihres Mieters kann das Mietverhältnis grundsätzlich unter Einhaltung einer einmonatigen Frist zu einem Monatsletzten aufgekündigt werden (§ 1116a ABGB, § 30 Abs. 2 Z. 5 MRG). Etwas anders ist es bei Eigentumswohnungen (Voll- und Teilanwendungsbereich MRG), wenn zum Zeitpunkt des Todes des Mieters nahe Angehörige (eintrittsberechtigte Personen nach § 14 MRG) im gemeinsamen Haushalt mit dem Mieter gewohnt haben.

Mietrechtseintritt bei Eigentumswohnungen

Bei Eigentumswohnungen (Voll- und Teilanwendungsbereich MRG) treten nahe Angehörige eines verstorbenen Mieters unter bestimmten

Bei vermieteten Eigentumswohnungen können nach einem Todesfall nahe Angehörige in den Vertrag eintreten

Voraussetzungen nach § 14 MRG in das bestehende Mietverhältnis ein (► Seite 115, 133). Das Mietverhältnis kann dann vom Vermieter nicht aufgekündigt werden. Nur bei Altbaueigentumswohnungen (Vollanwendungsbereich MRG) besteht für einen Mieter zudem die Möglichkeit, seine Mietrechte nach § 12 MRG bereits zu Lebzeiten an nahe Angehörige, die schon bisher im gemeinsamen Haushalt mit ihm gewohnt haben, abzutreten, wenn er selber die Wohnung verlässt (► Seite 116).

Mietrechtseintritt bei Ehescheidung

Bei einem Scheidungsverfahren kann, sofern für die Aufteilung des ehelichen Vermögens eine Entscheidung beantragt wurde, das Gericht mit Beschluss anordnen, dass die Mietrechte an der bisherigen gemeinsamen Ehewohnung von einem der (ehemaligen) Ehepartner auf den anderen übertragen werden (§ 87ff Ehegesetz). In so einem Fall liegt also ein Mietrechtseintritt aufgrund einer gerichtlichen Entscheidung vor. Als Vermieter haben Sie einen solchen Gerichtsbeschluss zu akzeptieren. Das Mietverhältnis läuft dann unverändert mit dem ehemaligen Ehepartner Ihres bisherigen Mieters weiter.

Wie endet ein Mietverhältnis?

Bevor Sie ein Mietverhältnis abschließen, sollten Sie auch wissen, wie es beendet werden kann. **Achtung.** Das Ende eines Mietverhältnisses ist strikt von der Räumung und Zurückstellung des Mietobjektes zu unterscheiden.

Eigenmachtverbot

Auch wenn ein Mietverhältnis wirksam beendet wurde oder durch Befristungsablauf geendet hat, darf eine Räumung nie eigenmächtig durch Sie als Vermieter vorgenommen werden, sondern nur aufgrund

Delogieren darf nur der Gerichtsvollzieher aufgrund einer gerichtlichen Anordnung

einer gerichtlichen Anordnung durch den Gerichtsvollzieher (Delogierung, ► Seite 37). Ihnen als Vermieter ist es nicht gestattet, Ihren (ehemaligen) Mieter etwa durch eigenmächtigen Austausch des Türschlosses am Betreten des Mietobjektes zu hindern. Ein solches Verhalten stellt eine Besitzstörung dar.

Ein von Ihnen eigenmächtig delogierter Mieter kann in einem gerichtlichen Besitzstörungsverfahren sehr rasch die neuerliche Besitzeinräumung am Mietobjekt, also die weitere Benützung, durchsetzen. Ein Besitzstörungsverfahren wird von den dafür zuständigen Bezirksgerichten sehr zügig durchgeführt. Gegenstand solcher Verfahren ist lediglich, ob eine eigenmächtige Störung des Besitzstandes erfolgt ist. Ob ein Mietverhältnis wirksam beendet wurde oder Beendigungsgründe für den Vermieter vorliegen, wird in einem solchen Verfahren nicht geprüft. Neben der Einleitung eines Besitzstörungsverfahrens darf sich ein eigenmächtig vom Vermieter ausgesperrter Mieter zudem auch mithilfe eines Schlossers wieder Zugang zum Mietobjekt verschaffen (Selbsthilfe).

Einvernehmliche Vertragsbeendigung, Räumungsvergleich

Jedes Mietverhältnis, ob befristet oder unbefristet, kann jederzeit einvernehmlich beendet werden. Einvernehmlich bedeutet, dass die Vertragspartner eine Vereinbarung treffen, das bereits laufende Mietverhältnis zu einem bestimmten Termin zu beenden. Eine einvernehmliche Vertragsbeendigung setzt also voraus, dass beide Partner dasselbe wollen.

Unwirksam

Einvernehmliche Vertragsbeendigungen und Räumungsvergleiche anlässlich von Mietvertragsabschlüssen oder -verlängerungen sind nicht wirksam, wenn sie dazu dienen sollen, die bei Eigentumswohnungen geltende gesetzliche Mindestbefristung von drei Jahren zu umgehen.

Keiner kann den anderen zu einer einvernehmlichen Vertragsbeendigung zwingen.

Sind die Vertragspartner über die Beendigung des Mietverhältnisses einig, so müssen keine gesetzlichen oder mietvertraglichen Fristen und Termine eingehalten werden, da sich diese nur auf einseitige Vertragsbeendigungen beziehen. Falls sich ein Mieter nicht an eine einvernehmliche Vertragsbeendigung hält, also die Wohnung nicht zum vereinbarten Zeitpunkt zurückgibt, können Sie als Vermieter beim örtlich zuständigen Bezirksgericht eine Räumungsklage (wegen titelloser Benützung) einbringen.

Kündigungsfristen gelten nur bei einseitiger Vertragsbeendung

Eine einvernehmliche Auflösung kann auch mit einem gerichtlichen Vergleich, dem sogenannten Räumungsvergleich, dokumentiert bzw. bekräftigt werden. Dieser hat auch prozessuale Folgen. Verpflichtet sich ein Mieter in einem gerichtlichen Räumungsvergleich zur Rückstellung der Wohnung zu einem bestimmten Termin, können Sie als Vermieter bei Nichteinhaltung sofort die zwangsweise Räumung der Wohnung bei Gericht beantragen, ohne zuvor eine Räumungsklage einbringen zu müssen.

Einvernehmlich aufgelöst

Herr Müller möchte seine alte Mietwohnung aufgeben und hat auch schon eine neue gefunden. Die Kündigungsfrist für das bestehende Mietverhältnis beträgt drei Monate. Anfang November 2018 fragt Herr Müller bei seiner Vermieterin Frau Huber an, ob eine frühere Vertragsbeendigung möglich ist, da er nicht drei Monate lang für zwei Wohnungen Mietzins bezahlen möchte. Frau Huber hat ohnehin bereits einen anderen Mietinteressenten, sodass sie nicht auf der Einhaltung der Kündigungsfrist besteht. Die Vertragspartner einigen sich darauf, das Mietverhältnis bereits mit Ende des laufenden Monats zu beenden. Aus Beweisgründen unterschreiben sie beide die schriftliche Erklärung: „Das Mietverhältnis zwischen Frau Huber und Herrn Müller über die Wohnung in der XY-Straße wird zum 30.11.2018 einvernehmlich aufgelöst. Die Wohnungsrückgabe hat daher spätestens am 30.11.2018 zu erfolgen."

Ende durch Zeitablauf

Befristete Verträge enden durch Zeitablauf, ohne dass eine gesonderte Aufkündigung dazu notwendig ist. Falls Ihr Mieter jedoch die zeitgerechte Rückgabe des Mietobjektes trotz Vertragsende verweigert, sollten Sie als Vermieter binnen vierzehn Tagen Räumungsklage (wegen titelloser Benützung) beim Bezirksgericht einbringen. Es könnte sonst bei Eigentumswohnungen (Voll- und Teilanwendungsbereich MRG) zu einer gesetzlichen dreijährigen Erneuerung des Mietverhältnisses kommen (► Seite 109, 132) oder bei Einfamilienhäusern (ABGB-Miete) zu einer sogenannten stillschweigenden Umwandlung in ein unbefristetes Mietverhältnis (► Seite 146).

Zieht Ihr Mieter nicht rechtzeitig aus, können Sie binnen 14 Tagen Räumungsklage einbringen

Übergabe- und Übernahmeauftrag

Ein Übergabeauftrag dient zur Durchsetzung der rechtzeitigen Übergabe der Wohnung bei Ablauf eines befristeten Mietverhältnisses. Der Sinn des Übergabeauftrags besteht darin, dass Sie als Vermieter nicht den Ablauf einer Befristung abwarten müssen, um danach mit Räumungsklage vorzugehen, sondern sich bereits vor Ablauf des Mietverhältnisses die zeitgerechte Übergabe sichern können.

Der Übergabeauftrag kann frühestens sechs Monate vor Ablauf einer Befristung bei Gericht eingebracht werden. Der Mieter kann dagegen binnen vier Wochen Einwendungen erheben, die aber nur erfolgreich sein werden, wenn im Übergabeauftrag ein unrichtiger Endtermin angegeben oder bei Eigentumswohnungen die dreijährige Mindestbefristung unterschritten wurde. Werden vom Mieter gegen einen Übergabeauftrag keine Einwendungen erhoben, erwächst er in Rechtskraft.

Ein Übergabeauftrag kann frühestens sechs Monate vor Befristungsende beantragt werden

Das Gegenstück zum Übergabeauftrag ist der Übernahmeauftrag, den ein Mieter frühestens sechs Monate vor Vertragsende bei Gericht einbringen kann, um eine Übernahmeverpflichtung des Vermieters zu erwirken. Übernahmeaufträge kommen in der Praxis nur sehr selten vor. Soweit ein gerichtlicher Übernahmeauftrag ein unrichtiges Vertragsende enthält, muss der Vermieter binnen vier Wochen Einwendungen erheben, damit keine Rechtskraft eintritt.

Erlöschen eines Mietverhältnisses

Bei Untergang des Mietobjektes erlischt das Mietverhältnis. Wird das vermietete Objekt z.B. durch ein Erdbeben völlig zerstört, hört das Mietverhältnis auf zu existieren. Grundsätzlich führt auch der sogenannte rechtliche Untergang – damit ist etwa ein baubehördlicher Abbruchauftrag (nicht zu verwechseln mit einer Abbruchgenehmigung) gemeint – dazu, dass das Mietverhältnis erlischt. Dazu kommt es nur dann nicht, wenn bei Altbaueigentumswohnungen (Vollanwendungsbereich MRG) aufgrund einer ausreichenden Versicherung eine Verpflichtung zur Wiederherstellung des Mietobjektes besteht.

Vertragsauflösung – ohne Frist

Nicht nur Sie als Vermieter können unter bestimmten Voraussetzungen das bestehende Mietverhältnis ohne Einhaltung von Fristen auflösen, auch Ihr Mieter kann das tun. Die Gründe dafür sind im ABGB genau geregelt.

Sofortige Vertragsauflösung nach § 1118 ABGB

Bestehende Mietverhältnisse können unter bestimmten Voraussetzungen auch ohne Einhaltung von Fristen aufgelöst werden

Liegen die folgenden Voraussetzungen des § 1118 ABGB vor, kann jedes Mietverhältnis, unabhängig davon, ob es befristet oder unbefristet abgeschlossen wurde, von Ihnen als Vermieter ohne Bedachtnahme auf Kündigungsfristen und Termine mit sofortiger Wirkung beendet werden.

Erheblich nachteiliger Gebrauch durch den Mieter. Dieser Auflösungsgrund liegt vor, wenn das Mietobjekt vom Mieter vertragswidrig genutzt oder vernachlässigt wird und daraus eine erhebliche Beschädigung oder auch nur Gefährdung des Hauses zu befürchten ist. Dazu gehört die eigenmächtige Entfernung tragender Wände oder ein sorgloser Umgang mit Wasser, der zu wiederholten Wasserschäden führt.

Mahnspesen

Wenn ein Mieter den Mietzins wiederholt verspätet (erst in der Nachfrist) bezahlt, können – zumindest außerhalb des Vollanwendungsbereiches des MRG – Mahnschreiben auch über einen Rechtsanwalt erfolgen. Auf diese Weise entstehen dem Mieter eine Art Mahngebühren, was seine Bereitschaft, fortan pünktlich zu bezahlen, steigern könnte.

Ungebührliches Verhalten und Nichtbezahlen der Miete sind wichtige Auflösungsgründe

Unleidliches Verhalten des Mieters. Dazu zählt, wenn der Mieter durch sein vertragswidriges, rücksichtsloses oder anstößiges Verhalten anderen Mitbewohnern des Hauses das Zusammenleben verleidet oder dem Vermieter die Fortsetzung des Mietverhältnisses aufgrund dieses Verhaltens nicht weiter zumutbar ist. Der Mieter muss dabei auch für das Verhalten seiner Mitbewohner einstehen.

Qualifizierter Mietzinsrückstand. Dieser Auflösungsgrund liegt vor, wenn der Mieter trotz Mahnung einen (teilweisen) Mietzinsrückstand beim nächsten Mietzinszahlungstermin noch immer nicht gezahlt hat. Mit der Mahnung ist dem Mieter zunächst noch eine Nachfrist einzuräumen.

Die Vertragsauflösung nach § 1118 ABGB kann von Ihnen als Vermieter außergerichtlich unter Setzung einer vierzehntägigen Räumungsfrist erklärt werden. Verweigert Ihr Mieter die Rückgabe des Mietobjektes, müssen Sie eine Räumungsklage beim örtlich zuständigen Bezirksgericht einbringen. Sie können aber auch gleich eine Räumungsklage beantragen, ohne dass zuvor eine außergerichtliche Auflösungserklärung an den Mieter erfolgt.

Ist ein qualifizierter Mietzinsrückstand der Auflösungsgrund, so können Sie – nach erfolgter Mahnung und Nachfristsetzung – die Räumungsklage mit einer Mietzinsklage verbinden. Trifft Ihren Mieter am vom Gericht festgestellten Mietzinsrückstand kein grobes Verschulden und ist das vermietete Objekt eine Eigentumswohnung (Voll- oder Teilanwendungsbereich MRG), so kann der Mieter die Abweisung der Räumungsklage erreichen, wenn er den Mietzinsrückstand noch während des Gerichtsverfahrens begleicht.

Im Rückstand

Eine Eigentumswohnung wird vermietet. Mietvertraglich vereinbart ist, dass der monatliche Mietzins spätestens am 5. des jeweiligen Monats am Bankkonto des Vermieters eingelangt sein muss. Am 20.10.2018 ist der Mietzins für Oktober noch immer nicht beim Vermieter eingetroffen, weshalb dieser seinem Mieter einen eingeschriebenen Brief schickt, in dem er die Bezahlung des ausständigen Betrages bis spätestens 5.11.2018 einfordert und erklärt, bei Nichtbezahlung rechtliche Schritte zu ergreifen. Am 5.11.2018 haftet der Mietzins sowohl für Oktober als auch für November aus. Der Vermieter beauftragt einen Rechtsanwalt mit der Einbringung einer Mietzins- und Räumungsklage beim Bezirksgericht. Als es zur Gerichtsverhandlung kommt, ist der gesamte Mietzinsrückstand bereits beglichen. Es stellt sich heraus, dass der Bank des Mieters ein Fehler unterlaufen ist. Das Mahnschreiben hat den Mieter wegen seines Urlaubs erst Mitte November erreicht, worauf er den Mietzinsrückstand sogleich an den Vermieter überwiesen hat. An der verspäteten Zahlung trifft den Mieter kein grobes Verschulden, weshalb das Gericht dem Antrag des Mieters auf Abweisung der Räumungsklage stattgibt. Der Mieter hat jedoch sämtliche Kosten des Gerichtsverfahrens (Rechtsanwalt des Vermieters und Gerichtsgebühren) zu bezahlen.

Sofortige Vertragsauflösung nach § 1117 ABGB

Bei Unzumutbarkeit kann der Mieter den Vertrag auflösen

Die Vertragsauflösung nach § 1117 ABGB ist möglich, wenn dem Mieter die Fortsetzung des Mietverhältnisses nicht zumutbar ist. Die Gründe dafür dürfen nicht aus seiner eigenen Sphäre (etwa berufliche Veränderungen, die einen Ortswechsel erfordern, oder familiäre Gründe) kommen. Ein Verschulden des Vermieters ist nicht erforderlich. Der Mieter ist zur Vertragsauflösung nach § 1117 ABGB berechtigt, wenn

- das Mietobjekt grobe Mängel aufweist und der Vermieter sich weigert, binnen angemessener Frist den vertraglich vereinbarten Zustand des Mietobjektes herzustellen oder seinen Erhaltungspflichten nachzukommen;

- das Mietobjekt während der Mietdauer ohne Verschulden des Mieters unbrauchbar wird, z.B. durch Brand oder Explosion;
- das Wohnen im Mietobjekt gesundheitsschädlich ist, etwa wegen Feuchtigkeit;
- dem Mieter die Benützung des Mietobjektes durch das Verhalten des Vermieters oder anderer Hausbewohner unmöglich gemacht wird.

Die Vertragsauflösung nach § 1117 ABGB kann vom Mieter (bei jedem befristeten oder unbefristeten Mietverhältnis) ohne Einhaltung besonderer Fristen gerichtlich oder außergerichtlich (durch Mitteilung an den Vermieter) erfolgen.

Kündigung des Mietverhältnisses – mit Frist

Bei der Aufkündigung eines Mietverhältnisses sind immer Kündigungsfristen und -termine einzuhalten. Die Kündigungsmöglichkeiten ergeben sich entweder aus dem Gesetz oder aus dem Mietvertrag. Unbefristete Mietverhältnisse über Eigentumswohnungen (Voll- und Teilanwendungsbereich MRG) können Sie als Vermieter nur aufkündigen, wenn einer der Kündigungsgründe des § 30 MRG (► Seite 112) vorliegt. Bei befristeten Mietverhältnissen über Eigentumswohnungen bestehen die Kündigungsmöglichkeiten des § 30 MRG für Sie als Vermieter aber nur, wenn dies ausdrücklich im Mietvertrag vereinbart wurde. Der Mieter einer Eigentumswohnung kann das Mietverhältnis hingegen ohne Angabe von Gründen kündigen, ein befristetes Mietverhältnis allerdings erst nach Ablauf eines Jahres der Mietdauer (► Seite 109) .

Wird ein Mietverhältnis aufgekündigt, so sind bestimmte Fristen und Termine einzuhalten

Unbefristete Mietverhältnisse über Einfamilienhäuser (ABGB-Miete) können grundsätzlich immer von beiden Vertragsparteien ohne Angabe von Gründen aufgekündigt werden. Da die gesetzliche Kündigungsfrist zumeist nur einen Monat beträgt, sollten Sie überlegen, ob durch geeignete vertragliche Gestaltung eine stärkere Bindung Ihres Vertragspartners erfolgen soll (► Seite 144) .

Für befristete Mietverhältnisse über Einfamilienhäuser sieht das Gesetz dagegen weder für den Vermieter noch für den Mieter Kündigungsmöglichkeiten vor. Hier müssen Sie darauf achten, dass durch eine geeignete vertragliche Gestaltung (vertragliche Kündigungsmöglichkeiten) eine zu starke Bindung an Ihren Vertragspartner vermieden wird. Vor allem dann, wenn Sie längerfristig vermieten möchten (► Seite 144).

Kündigungsverfahren

Außergerichtlich kann vom Vermieter nur ein Mietvertrag über ein Einfamilienhaus (ABGB-Miete) aufgekündigt werden. Mietverträge über Eigentumswohnungen (Voll- und Teilanwendungsbereich MRG) können vom Vermieter nur gerichtlich unter Angabe eines Kündigungsgrundes aufgekündigt werden. Erhält der Mieter einer Eigentumswohnung ein Kündigungsschreiben, das nicht über das Gericht zugestellt wurde, so ist dieses Schreiben rechtlich ohne Wirkung.

Bei den Bezirksgerichten liegen Kündigungsformulare auf, die Sie verwenden können. Dafür wird allerdings eine Gerichtsgebühr von derzeit 107 Euro fällig. Örtlich zuständig ist jenes Bezirksgericht, in dessen Sprengel sich der Mietgegenstand befindet. Das Gericht stellt die Aufkündigung dem Kündigungsgegner mit dem Beschluss zu, die Wohnung zum angegebenen Termin geräumt zu übergeben oder gegen die Auf-

Fristen beachten

Am 1.4.2017 wurde eine Eigentumswohnung auf fünf Jahre befristet vermietet. Nach etwas mehr als einem Jahr Mietdauer möchte der Mieter den Vertrag vorzeitig aufkündigen. Die Kündigungsfrist beträgt drei Monate. Am 22.5.2018 schickt er ein Kündigungsschreiben ab, in dem er die Kündigung zum 31.8.2018 ausspricht. Damit diese mit 31.8.2018 wirksam wird, muss das Schreiben vor dem 1.6.2018 bei seiner Vermieterin einlangen. Würde das Schreiben z.B. erst am 3.6.2018, also verspätet, eintreffen, wäre die Kündigung erst mit 30.9.2018 wirksam. Die Vermieterin könnte dann entscheiden, ob sie auf Einhaltung des Mietvertrages bis 30.9.2018 besteht oder der Vertragsbeendigung mit 31.8.2018 zustimmt.

kündigung binnen vier Wochen Einwendungen zu erheben. Nur wenn der Mieter rechtzeitig Einwendungen gegen die Aufkündigung erhebt, wird vom Gericht eine Verhandlung ausgeschrieben und geprüft, ob die geltend gemachten Kündigungsgründe auch tatsächlich vorliegen.

Für die Rechtzeitigkeit einer Kündigung ist das Einlangen beim Kündigungsgegner maßgebend

Mieter einer Eigentumswohnung können sowohl gerichtlich als auch schriftlich kündigen. Für die Rechtzeitigkeit der Kündigung ist immer das Einlangen der Kündigung beim Kündigungsgegner maßgebend. Bei Eigentumswohnungen gelten verspätet eintreffende Kündigungen zum nächstmöglichen Kündigungstermin, bei Einfamilienhäusern sind sie unwirksam. Wenn jedoch eine gerichtliche Aufkündigung verspätet einlangt, muss der Empfänger (Kündigungsgegner) die Verspätung beim Gericht geltend machen. Sonst bleibt es beim in der Kündigung angeführten Termin. Näheres zu Kündigungsterminen und -fristen finden Sie für Eigentumswohnungen auf ► Seite 111 und für Einfamilienhäuser auf ► Seite 144.

Zwangsweise Räumung (Delogierung)

Eine gerichtlich genehmigte Räumung ist nur 6 Monate gültig

Delogierungen dürfen von Ihnen als Vermieter nie eigenmächtig durchgeführt werden (► Seite 28). Die zwangsweise Räumung eines Mietobjektes müssen Sie beim Bezirksgericht beantragen. Voraussetzung für die gerichtliche Bewilligung einer zwangsweisen Räumung ist, dass bereits ein gültiger Exekutionstitel vorliegt. Dieser kann allerdings nur sechs Monate lang vollstreckt werden.

Rein geschäftlich

Bei geschäftlicher Vermietung gelten andere gesetzliche Regelungen als bei privater

In diesem Buch werden die gesetzlichen Regelungen für die Vermietung zu Wohnzwecken erläutert. Wird zu Geschäftszwecken vermietet, gelten teilweise abweichende Bestimmungen. Die gesetzliche Aufkündigungsfrist beträgt bei der Geschäftsraummiete drei Monate, und die gesetzlichen Kündigungstermine sind jeweils das Ende eines Kalenderquartals (31.3., 30.6., 30.9., 31.12.). Wird eine Eigentumswohnung zu Geschäftszwecken vermietet, muss z.B. auch keine Mindestbefristung eingehalten werden. Bevor Sie eine Eigentumswohnung zu Geschäftszwecken vermieten, müssen Sie unbedingt klären, ob dies nach Ihrem Wohnungseigentumsvertrag (Widmung) überhaupt gestattet ist!

Ein Exekutionstitel ist entweder

- eine rechtswirksame gerichtliche Aufkündigung des Mietverhältnisses,
- ein rechtswirksamer gerichtlicher Übergabeauftrag,
- ein rechtskräftiges Urteil nach einer Räumungsklage oder
- ein rechtswirksamer gerichtlicher Räumungsvergleich.

Über Antrag des Vermieters wird vom Bezirksgericht ein Delogierungstermin festgesetzt. Falls die Wohnungsrückgabe bis dahin nicht erfolgt, wird der Räumungsvollzug, also die Delogierung, im Beisein des Gerichtsvollziehers durchgeführt. Die Räumung erfolgt durch die Entfernung von Personen und beweglichen Sachen aus dem Mietobjekt und die Übergabe des Mietobjektes an den Vermieter.

Bei Eigentumswohnungen (Voll- und Teilanwendungsbereich MRG) kann ein betroffener Mieter bei drohender Obdachlosigkeit die Aufschiebung der zwangsweisen Räumung beim Bezirksgericht beantragen. Eine solche Aufschiebung darf nur bewilligt werden, wenn sie Ihnen als Vermieter zumutbar ist. Es dürfen also z.B. keine Mietzinsrückstände mehr bestehen. Der Räumungsaufschub beträgt zumeist drei Monate. Bei Einfamilienhäusern (ABGB-Miete) besteht diese Möglichkeit einer Aufschiebung der Räumung übrigens nicht.

Einen Vertragspartner finden

Für die Suche nach einem geeigneten Mieter können Sie die Dienste eines Immobilienmaklers in Anspruch nehmen. Aber auch wenn Sie selbst einen Mieter suchen: Legen Sie vorab die genauen Bedingungen der Vermietung offen.

Von privat an privat

Neben dem Inserieren in Zeitungen und im Internet können Sie Ihr Mietobjekt auch an eigens zu solchen Zwecken bereitgestellten Pinnwänden, etwa an Universitäten oder in Einkaufszentren, anbieten. Informieren Sie auch Ihren Bekanntenkreis, z.B. durch eine E-Mail, über die geplante Vermietung. Finden Sie den Mieter über einen gemeinsamen Bekannten, wird die Vermietung gleich weniger anonym und die Chance auf einen verlässlichen Vertragspartner ist größer.

Spätestens bei Mietvertragsabschluss sollten Sie die Identität Ihres Mietinteressenten prüfen (Lichtbildausweis). Um die Bonität eines Mietinteressenten zu klären, wird von manchen Vermietern ein Einkommensnachweis (z.B. Lohnzettel) verlangt. Darauf können Sie ruhig verzichten. Wie die Einkommenssituation Ihres Mieters einige Monate nach Anmietung aussehen wird, lässt sich – Lohnzettel hin oder her – sowieso nicht vorhersehen.

Prüfen Sie die Bonität Ihres künftigen Mieters und sichern Sie sich durch eine Kaution ab

Zur Bonitätsprüfung beitragen kann allerdings ein Blick in die Insolvenzdatei des Justizministeriums (www.ediktsdatei.justiz.gv.at). Jeder Interessierte kann dort kostenlos private Insolvenzen mittels Namenseingabe abfragen. Letztlich müssen Sie sich bei der Auswahl Ihres Vertragspartners auf Ihren persönlichen Eindruck verlassen. Zur Absicherung kann auch eine Kaution dienen (► Seite 47).

Immobilienmakler

Wenn Sie nicht selber nach Mietinteressenten suchen wollen oder keine Zeit haben, Wohnungsbesichtigungen zu ermöglichen, können Sie einen Immobilienmakler beauftragen. Es kann auch vorkommen, dass sich auf Ihr Zeitungsinserat hin statt eines Mietinteressenten ein Makler meldet und seine Dienste anbietet.

Ein Immobilienmakler bringt Wohnungssuchende mit potenziellen Vermietern (Abgebern) zusammen. Ein Makler vermittelt fremde Geschäfte und erhält grundsätzlich nur im Erfolgsfall, nämlich bei Abschluss eines Mietvertrages, Provision. Wird mit einem Makler nichts anderes ausgehandelt, sind im Erfolgsfall sowohl der Mieter als auch der Vermieter provisionspflichtig.

Vermittlungsauftrag

Mit einem schlichten Vermittlungsauftrag verpflichten Sie sich als Auftraggeber (Vermieter), Ihrem Makler Provision zu bezahlen, wenn mit einer von ihm namhaft gemachten Person ein Mietvertrag zustande kommt. Oder wenn der Makler in anderer Weise, z.B. mit der Durchführung von Wohnungsbesichtigungen, zum Vertragsabschluss maßgeblich beigetragen hat.

Einen schlichten Vermittlungsauftrag können Sie auch mehreren Maklern erteilen. Provision müssen Sie nur dem Makler bezahlen, der erfolgreich vermittelt hat. Finden Sie als Vermieter selber einen Mieter, entsteht trotz schlichtem Vermittlungsauftrag grundsätzlich keine Provisionspflicht.

Schlichte Vermittlungsaufträge werden in aller Regel schriftlich erteilt und können von Ihnen jederzeit gekündigt werden. Provisionspflicht besteht allerdings auch, wenn Sie nach Kündigung an einen Interessenten vermieten, der Ihnen bei aufrechtem Auftragsverhältnis vom Makler namhaft gemacht wurde. **Vorsicht.** Ein Auftragsverhältnis mit dem Makler kann auch mündlich oder gar schlüssig zustande kommen.

Anders als bei der Kündigung des Vermittlungsauftrages kann ein Rücktritt nach § 11 Fern- und Auswärtsgeschäfte Gesetz (► Seite 42)

Bedingungen festlegen

Wenn Sie einen Makler beauftragen (schlichter Vermittlungsauftrag oder Alleinvermittlungsauftrag), sollten Sie darauf achten, dass die Bedingungen, zu denen Sie vermieten möchten (monatlicher Bruttomietzins, Kaution, Befristung etc.), der Auftragserteilung schriftlich zugrunde gelegt werden. Am besten ist es, wenn Sie bei Auftragserteilung schon ein Vertragsmuster zur Hand haben, auf das im Vermittlungsauftrag verwiesen wird. Klären Sie vorweg auch die Provisionshöhe.

dazu führen, dass der Makler seinen Provisionsanspruch selbst bei erfolgreicher Vermittlung verliert. Dies allerdings nur, wenn die strengen Belehrungspflichten rund um das neue Rücktrittsrecht vom Makler verletzt wurden.

Alleinvermittlungsauftrag

Beim Alleinvermittlungsauftrag gehen Sie als Auftraggeber (Vermieter) weiter gehende Verpflichtungen ein als beim schlichten Vermittlungsauftrag. Sie binden sich damit für einen bestimmten Zeitraum an einen einzigen Makler. Während der Laufzeit sind Ihnen praktisch die Hände gebunden. Sie dürfen keinen anderen Makler einschalten und werden zumeist auch provisionspflichtig, wenn Sie selber einen Mieter finden. Alleinvermittlungsaufträge sind nur in Schriftform zulässig. Bei privaten Vermietern, die dem Makler gegenüber als Konsumenten gelten, darf die Laufzeit eines Alleinvermittlungsauftrages höchstens drei Monate betragen, außer es liegen ganz besondere Umstände vor, die eine längere Bindungsdauer erforderlich machen. Während der Bindungsdauer sind Alleinvermittlungsaufträge nur bei schweren Pflichtverstößen des Maklers kündbar. Zumeist wird mit dem schriftlichen Alleinvermittlungsauftrag auch gleich vereinbart, dass sich dieser Auftrag nach Zeitablauf in einen jederzeit kündbaren schlichten Vermittlungsauftrag umwandelt.

Alleinvermittlungsaufträge sind nur schwer aufkündbar

Rücktritt vom (Allein-)Vermittlungsauftrag

Seit Inkrafttreten des Fern- und Auswärtsgeschäfte Gesetzes am 13.6.2014 besteht ein neues Rücktrittsrecht (§ 11 FAGG) bei Maklerverträgen, die außerhalb der Geschäftsräumlichkeiten des Maklers oder ausschließlich über Fernabsatz (z.B. Internet) abgeschlossen werden. Voraussetzung dafür ist, dass Sie dem Makler gegenüber Konsument sind, also privater Vermieter.

Mit Abgebern werden schlichte Vermittlungsaufträge oder Alleinvermittlungsaufträge nicht selten vor Ort, im Rahmen einer Besichtigung des zu vermietenden Objektes, abgeschlossen. Hier steht Ihnen als Abgeber das neue Rücktrittsrecht zu. Besondere Relevanz hat das Rücktrittsrecht nach § 11 FAGG freilich für den Abschluss von Alleinvermittlungsaufträgen, weil dort während der Befristungsdauer eine vorzeitige Kündigung nur bei groben Pflichtverstößen des Maklers möglich ist.

Die Rücktrittsfrist beträgt vierzehn Tage und beginnt mit Abschluss des Maklervertrages zu laufen. Der Rücktritt kann mit einem (vom Makler auszuhändigenden) Muster-Widerrufsformular, aber auch in anderer Form – zweckmäßigerweise in nachweisbarer Form, z.B. mittels Fax – ausgeübt werden. Ohne ordnungsgemäße Belehrung über das Rücktrittsrecht verlängert sich die Frist auf ein Jahr und vierzehn Tage.

Der Rücktritt nach § 11 FAGG ist jedoch nicht mehr möglich, wenn der Makler seine Dienstleistung noch vor Ablauf der vierzehntägigen Frist vollständig erbracht hat. Voraussetzung dafür ist, dass Sie als Auftraggeber vom Makler ordnungsgemäß über das Rücktrittsrecht belehrt wurden, der Makler aufgrund Ihrer ausdrücklichen Aufforderung „vorzeitig" tätig geworden ist und Sie dem Makler bestätigt haben, über den Verlust der Rücktrittsmöglichkeit bei vollständiger Erbringung seiner Dienstleistung Bescheid zu wissen.

Maklervertrag als Auswärtsgeschäft

Frau E. hat ein Einfamilienhaus geerbt und möchte es nun „privat" vermieten. Telefonisch kontaktiert sie einen Makler. Bei einem Treffen im Einfamilienhaus unterschreibt Frau E. einen Alleinvermittlungsauftrag mit der Laufzeit von drei Monaten.

Der Alleinvermittlungsauftrag wurde außerhalb der Geschäftsräumlichkeiten des Maklers abgeschlossen, weshalb Frau E. binnen vierzehn Tagen vom Alleinvermittlungsauftrag zurücktreten kann. Bei nicht ordnungsgemäßer Belehrung über das Rücktrittsrecht verlängert sich die Frist auf ein Jahr und vierzehn Tage.

Soll der Makler bereits vor Ablauf der vierzehntägigen Frist mit der Namhaftmachung von Mietinteressenten beginnen, muss er sich überdies – um seinen Provisionsanspruch für den Fall erfolgreicher Vermittlung zu sichern – von Frau E. bestätigen lassen, dass er aufgrund ihres ausdrücklichen Wunsches vorzeitig tätig wird und ihr bewusst ist, dass die vollständige Erbringung seiner Dienstleistung vor Fristablauf zum Verlust des Rücktrittsrechtes führt.

Die Informationspflichten des Maklers rund um das neue Rücktrittsrecht sind sehr streng. Ihre Verletzung kann selbst dann zum gänzlichen Provisionsverlust führen, wenn die Vermietung mit dem vermittelten Wohnungssuchenden wirksam zustande kommt. Der Rücktritt nach § 11 FAGG betrifft den Maklervertrag. Ob sich der Rücktritt vom Maklervertrag auch auf eine Vertragserklärung auswirkt, die Sie dem Wohnungssuchenden gegenüber bereits abgegeben haben (z.B. Annahmeerklärung), ist unklar. Zu dieser Frage liegen derzeit unterschiedliche Rechtsmeinungen, aber noch keine Gerichtsentscheidungen vor.

Abschluss- und Inkassovollmacht

Als Vermittler ist ein Makler nicht berechtigt, im Namen des Vermieters Vertragsabschlüsse herbeizuführen oder Zahlungen (Kaution etc.) entgegenzunehmen. Dazu wäre ein Makler nur mit ausdrücklicher Vollmacht des Vermieters berechtigt. Solche Vollmachten werden in der Praxis nur selten erteilt. Sinn könnte eine Abschluss- und Inkassovollmacht dann machen, wenn Sie als Vermieter z.B. ortsabwesend sind und sich um die Abwicklung der Vermietung daher selber nicht kümmern können.

Anzahlung und Aufwandersatz

Die Maklerprovision ist erst mit Mietvertragsabschluss fällig, also frühestens mit Annahme eines Mietanbots durch den Vermieter. Der Makler hat keinen Anspruch auf eine Provisionsanzahlung. Der Makler hat grundsätzlich auch keinen Anspruch auf Aufwandersatz, selbst wenn es zu keinem Vertragsabschluss gekommen ist. Nur ausnahmsweise kann für unüblich hohe Aufwendungen des Maklers (z.B. besonders teure Farbglanzinserate) im Vorhinein wirksam ein Aufwandersatz vereinbart werden. Für die normalen, durch den Geschäftsbetrieb des Maklers entstehenden Kosten und Auslagen darf dieser keinen Ersatz verlangen.

Mietanbot und Annahmeerklärung

Mitunter legen Makler Mietinteressenten ein schriftliches Mietanbot zur Unterzeichnung vor. In einem solchen erklärt ein Mietinteressent verbindlich, das Mietobjekt zu bestimmten Konditionen anmieten zu wollen. Der Makler hat das Mietanbot dem Vermieter zu übermitteln. Dieser kann jetzt entscheiden, ob er das Anbot annimmt oder nicht. Erteilt der Vermieter sein Einverständnis (Annahmeerklärung), hat der Makler dies dem Mietinteressenten mitzuteilen. Erreicht den Mietinteressenten das Okay des Vermieters binnen angemessener Frist, ist der Vertragsabschluss damit auch schon erfolgt.

Schriftliche Mietanbote lassen aber immer eine Reihe von vertraglichen Nebenpunkten offen, weshalb es in der Folge strittig sein kann, welche Nebenpunkte in der formellen Mietvertragsurkunde aufzuscheinen haben. Geben Sie Ihrem Makler daher die genauen Bedingungen der Vermietung schon bei der Auftragserteilung bekannt. Am besten händigen Sie ihm gleich im Voraus das zu verwendende Vertragsmuster aus. Der Makler muss dann darauf achten, dass im Mietanbot auf Ihr Vertragsmuster verwiesen wird.

Geben Sie Ihrem Makler schon bei Auftragserteilung die genauen Bedingungen der Vermietung bekannt

Provision

Die Maklerprovision ist eine Erfolgsprovision, die nur zu bezahlen ist, wenn an die vom Makler namhaft gemachte Person vermietet wird oder mit ihr ein zweckgleiches Geschäft (z.B. Verkauf statt Vermietung) zustande kommt. Wurde kein Vermittlungsauftrag erteilt, wird auch keine Provision fällig. **Vorsicht.** Vermittlungsaufträge können auch mündlich oder schlüssig zustande kommen. Klären Sie daher die Provisionsfrage unmissverständlich, bevor Sie sich der Dienste eines Maklers bedienen.

Ohne Vermittlungserfolg haben Makler nur in ganz wenigen Ausnahmefällen Anspruch auf Provision. Solche besonderen Provisionsfolgen nach § 15 Maklergesetz müssen schriftlich vereinbart werden und betreffen im Wesentlichen Fälle, in denen sich der Auftraggeber pflichtwidrig verhält.

Ein bereits entstandener Provisionsanspruch kann rückwirkend wieder verloren gehen. Und zwar dann, wenn der Mietvertrag aus Gründen, die nicht vom Vermieter zu vertreten sind, nie ausgeführt wird. Ein Beispiel dafür könnte sein, dass der Mietvertrag zwar unterschrieben wurde, der Mieter den Wohnungsschlüssel aber nie abgeholt hat und unauffindbar bleibt.

Ein Makler gilt als Sachverständiger und muss die für die Vermietung wesentlichen Informationen beistellen (Befristung etc.). Bei fehlerhafter Information oder Beratung kann neben einer Provisionsminderung auch ein Schadenersatzanspruch in Betracht kommen.

Provisionshöhe

Die Höhe der zulässigen Vermittlungsprovision ist gesetzlich begrenzt

Höchstbeträge, die einem Makler für die Vermittlung von Miete an Wohnungen, Einfamilienhäusern und Geschäftsräumlichkeiten nach der Immobilienmaklerverordnung zustehen:

Vom Vermieter immer der dreifache Bruttomonatsmietzins

Vom Mieter gestaffelt nach Vertragszweck und der vereinbarten Vertragsdauer

- bei Wohnungen
  - mit Vertragsdauer bis zu drei Jahren: einfacher Bruttomonatsmietzins
  - mit Vertragsdauer mehr als drei Jahre und unbefristet: zweifacher Bruttomonatsmietzins

- bei Geschäftsräumlichkeiten
  - weniger als zwei Jahre befristet: einfacher Bruttomonatsmietzins
  - zwei bis drei Jahre befristet: zweifacher Bruttomonatsmietzins
  - mehr als drei Jahre befristet oder unbefristet: dreifacher Bruttomonatsmietzins

Dazu kommt jeweils noch die Umsatzsteuer von zwanzig Prozent der vereinbarten Provision.

Der Bruttomonatsmietzins beinhaltet sämtliche Mietzinsbestandteile außer einer eventuell im Mietzins enthaltenen Umsatzsteuer. Falls der Makler für den Vermieter auch eine Investitionsablöse des Mieters vermittelt hat (z.B. Möbelkauf), darf der Makler dafür maximal fünf Prozent der Ablösesumme vom Vermieter verlangen.

Einmalbeträge bei Mietbeginn

Neben der monatlichen Miete werden bei Abschluss eines Mietverhältnisses auch Einmalbeträge fällig. Manche davon dienen zu Ihrer Absicherung als Vermieter.

Kaution

Ob ein Mieter Kaution erlegt und in welcher Höhe, ist Vereinbarungssache

Kaution ist eine Sicherheitsleistung des Mieters und dient Ihrer Absicherung als Vermieter, falls es zu Mietzinsrückständen kommt oder der Mietgegenstand beschädigt wird. Zum Kautionserlag ist Ihr Mieter nur bei entsprechender Vereinbarung verpflichtet. Auch die Höhe der Kaution ist Vereinbarungssache – üblich sind drei bis sechs Bruttomonatsmieten.

Beachten Sie, dass der Vermieter einer Eigentumswohnung (Voll- und Teilanwendungsbereich MRG) verpflichtet ist, eine Kaution fruchtbringend auf einem Sparbuch (täglich fällige Spareinlage mit ortsüblichen Zinsen) zu veranlagen und den Mieter darüber zu informieren. Nur bei einem vermieteten Einfamilienhaus (ABGB Miete) muss für die Kaution kein Sparbuch eröffnet werden. Bei Mietende müssen Sie die Kaution samt Verzinsung zurückzahlen, wenn keine Forderung mehr gegen den Mieter besteht. Ist die Forderung niedriger als die Kautionssumme (samt Verzinsung), müssen Sie dem Mieter die Differenz zurückerstatten. Bei vermieteten Eigentumswohnungen muss eine Kaution somit nun immer angemessen verzinst werden. Übergibt Ihnen der Mieter ein Sparbuch mit dem Kautionsbetrag, achten Sie darauf, dass es nicht durch ein Losungswort gesichert ist. Am besten sind Sie jedoch abgesichert, wenn Sie sich das Geld geben lassen und selbst ein Sparbuch eröffnen.

Mietzinsvorauszahlung

Mit einem Mieter kann vereinbart werden, dass dieser den monatlichen Mietzins für einen bestimmten Zeitraum schon bei Mietbeginn ganz oder teilweise im Voraus bezahlt. Bei vorzeitiger Auflösung des Mietverhältnisses sind noch nicht verbrauchte Teile aus einer Mietzinsvorauszahlung an den Mieter zurückzuzahlen. Soweit für eine Eigentumswohnung Mietzinsobergrenzen gelten (Vollanwendungsbereich MRG), können diese durch eine Mietzinsvorauszahlung nicht umgangen werden.

Im Voraus bezahlt

Eine Eigentumswohnung wird vermietet. Der Wohnungseigentümer vereinbart mit dem Mieter einen fixen Pauschalmietzins von 500 Euro monatlich. Bei Mietbeginn soll eine Mietzinsvorauszahlung von 2.400 Euro geleistet werden, anrechenbar auf die ersten zwölf Monate der Mietdauer. Der Mieter hat demnach im ersten Jahr monatlich 300 Euro an „Rest-Mietzins" zu bezahlen und ab dem 13. Monat monatlich 500 Euro.

Vertragserrichtungskosten

Wollen Sie die Kosten für die Errichtung des Mietvertrages auf Ihren Mieter überwälzen, müssen Sie das vorher besprechen

Wenn für eine Vermietung die handelsüblichen Formularvordrucke verwendet werden, sind Vertragserrichtungskosten kein großes Thema. Anders ist es, wenn die Mietvertragsurkunde von einem Rechtsanwalt oder Notar errichtet wird. Dann ist ein Honorar fällig, das grundsätzlich der bezahlt, der die Vertragserrichtung beauftragt hat. In aller Regel werden das Sie als Vermieter sein. Eine Überwälzung von Vertrags(errichtungs)kosten auf den Mieter ist nur bei entsprechender Vereinbarung möglich. Vorsicht aber bei Eigentumswohnungen, für die Mietzinsobergrenzen gelten (Vollanwendungsbereich MRG): Hier sind die Kosten der Vertragserrichtung oder der Aufwand, einen Formularvordruck bereitzustellen, durch die sogenannte Verwaltungskostenpauschale, einen Betriebskostenposten (► Seite 105), abgegolten. Wollen Sie hier die Vertrags(errichtungs)kosten auf Ihren Mieter überwälzen, stellt dies eine rückforderbare verbotene Ablöse dar, außer Rechtsanwalt oder Notar wurden auf Wunsch des Mieters beigezogen. In so einem Fall sollte der Vertragserrichter auch vom Mieter beauftragt werden.

Exkurs: Ende der Vergebührung von Vertrag und Bürgschaft bei Wohnungsmiete

Nach dem Gebührengesetz ist in Österreich für gewisse Rechtsgeschäfte – sofern darüber eine Urkunde errichtet wird – beim Finanzamt (einmalig) eine Gebühr zu entrichten. Von der Pflicht zur Vergebührung sind grundsätzlich auch Bestandverträge (Miet-, Pacht-, Leasingverträge) und Bürgschaftserklärungen erfasst. Verträge über die Miete von Wohnräumen wurden allerdings mit Stichtag 11.11.2017 von der Gebühr befreit. Mit einer neuerlichen Gesetzesänderung im August 2018 wurde die Pflicht zur Vergebührung nun auch für Bürgschaftserklärungen bei Anmietung einer Wohnung – rückwirkend zum 11.11.2017 – abgeschafft.

Für schriftliche Wohnungsmietverträge, die vor dem 11.11.2017 abgeschlossen wurden, musste im Regelfall eine Gebühr in der Höhe von 1 Prozent des 36-fachen monatlichen Bruttomietzinses an das Finanzamt entrichtet werden. Zumeist hatte der Mieter dem Vermieter den Betrag für die Vergebührung zu bezahlen. Der Vermieter war verpflichtet, die Höhe der Gebühr selbst zu berechnen und die Vergebührung mittels Formular beim Finanzamt für Gebühren und Verkehrssteuern anzumelden und einzubezahlen. Wohnungsmietverträge, die nach dem 10.11.2017 abgeschlossen wurden, sind nun generell von der Gebühr befreit. Bei gewerblich genutzten Immobilien (Anmietung zu Geschäftszwecken) wird die an das Finanzamt abzuführende Mietvertragsgebühr beibehalten.

An Personen mit niedrigem Einkommen (z.B. Studierende) werden Wohnräume oft nur vermietet, wenn eine dritte Person (z.B. ein Elternteil) eine Bürgschaftserklärung für sie abgibt. Bei der Bürgschaft handelt es sich um die Sicherstellung einer Schuld, die zu ihrer Wirksamkeit der Schriftform bedarf. Der Bürge eines Mieters haftet für die Schulden des Mieters, falls dieser seinen Verpflichtungen aus dem Mietvertrag nicht nachkommen sollte. Nach der alten Rechtslage war für eine solche Bürgschaftserklärung eine Gebühr in derselben Höhe zu bezahlen wie für den Wohnungsmietvertrag (Verschränkung der Bemessungsgrundlagen) – also im Regelfall noch einmal 1 Prozent des 36-fachen monatlichen Bruttomietzinses. Mit August 2018 wurden nun auch Bürgschaften generell von der Vergebührung befreit, soweit sie bei der Anmietung von Wohnräumen abgegeben werden. Diese Befreiung gilt rückwirkend zum 11.11.2017 – also zum Zeitpunkt der Abschaffung der Gebühr für Wohnungsmietverträge! Wurde eine solche Bürgschaftserklärung nach dem 10.11.2017 unterzeichnet und vergebührt, kann beim Finanzamt ein Antrag auf Neufestsetzung und Rückzahlung der Gebühr eingebracht werden.

Ablösen

Bei Ablösen stellt sich die Frage nach der Gegenleistung

Soweit Sie Ihrem Mieter anlässlich der Vermietung keine Möbel verkaufen oder Investitionsansprüche des Vormieters auf Ihren neuen Vertragspartner überwälzen, bleibt für eine sogenannte Ablöse als Einmal-

Klare Formulierungen

Möchte Ihr bisheriger Mieter Möbel in der Wohnung belassen und an den neuen Mieter verkaufen, verlangen Sie, dass schriftlich aufgelistet wird, welche Möbelstücke der bisherige Mieter dem neuen verkauft. Aus der Urkunde muss hervorgehen, dass die Möbelablöse direkt von Mieter zu Mieter bezahlt wird und nicht Angelegenheit des Vermieters ist. Die Urkunde sollte von Ihnen und von Vor- und Neumieter unterzeichnet werden. Auf diese Weise verhindern Sie, dass Inventar, das Ihnen gehört, den Besitzer wechselt oder Sie in spätere Streitigkeiten über die Höhe der Ablöse hineingezogen werden. Es wird damit auch Klarheit geschaffen, was bei Ende des neuen Mietverhältnisses vom Mieter zu räumen ist und was in der Wohnung verbleiben muss.

zahlung bei Vermietung zumeist kein Raum. Denn bei Ablösen stellt sich immer die Frage nach der Gegenleistung, und für die Benützung der Wohnung muss Ihr Mieter ohnehin den vereinbarten Mietzins bezahlen. Ablösevereinbarungen sind daher auch dort problematisch, wo das Ablöseverbot des § 27 MRG (► Seite 89) nicht anwendbar ist.

Rechte und Pflichten

Als Vermieter können Sie Mietzins verlangen. Sie müssen aber auch für die Instandhaltung des Mietobjektes sorgen und Ihren Mieter vor Störungen Dritter schützen. Außerdem haben Sie Steuern zu entrichten.

Übergabe im vereinbarten Zustand

Als Vermieter sind Sie verpflichtet, das Mietobjekt zum vereinbarten Zeitpunkt an Ihren Mieter zu übergeben (Ausfolgung der Wohnungsschlüssel). Das Mietobjekt hat bei Übergabe dem vereinbarten Zustand zu entsprechen (§ 1096 ABGB). Ohne besondere Regelung gilt „mittlere Brauchbarkeit" des Mietobjektes als vereinbart. Darunter versteht man, dass die Wohnung samt den vorhandenen Energieanschlüssen zum sofortigen Bewohnen geeignet sein muss.

Entspricht das Mietobjekt bei Übergabe nicht dem vereinbarten Zustand, kann ein Mieter Verbesserung verlangen (Anspruch auf Vertragszuhaltung). Auch sind Konsequenzen hinsichtlich der Mietzinshöhe möglich. Grobe Mängel am Mietobjekt können den Mieter zudem zu sofortiger Vertragsauflösung nach § 1117 ABGB (▶ Seite 34) berechtigen.

Vor Vermietung: Machen Sie Fotos, um den Zustand der Wohnung zu dokumentieren

Stellen Sie den Zustand der Wohnung in der Mietvertragsurkunde realistisch dar. Übertreibungen könnten hier Vertragszuhaltungsansprüche Ihres Mieters nach sich ziehen. Für Sie als Vermieter ist es zweckmäßig, auf bestehende Mängel hinzuweisen. Dokumentieren Sie vor jeder Vermietung den Zustand des Objektes mit Fotos. Vor allem bei

Herabstufung von Kategorie A auf D

Vermietet wird eine Altbaueigentumswohnung (Vollanwendungsbereich MRG), für die Mietzinsobergrenzen gelten. Vereinbart wird der Richtwertmietzins für eine Kategorie-A-Wohnung. Auf den ersten Blick sind alle Kategorie-A-Merkmale vorhanden. Aber schon bald nach Anmietung stellt der Mieter fest, dass sämtliche elektrischen Leitungen, auch jene im Badezimmer, völlig veraltet und ungeerdet sind. Wird eine Wohnung mit derart gefährlichen Leitungen übergeben, gilt sie als unbrauchbar. Der Mieter ersucht seinen Vermieter, die Neuverlegung der elektrischen Leitungen auf Vermieterkosten zu veranlassen. Bringt der Vermieter die elektrischen Leitungen nicht binnen angemessener Frist (längstens binnen drei Monaten) in Ordnung, hat der Mieter die Möglichkeit, den vereinbarten Mietzins dauerhaft auf den Kategorie-D-Mietzins für unbrauchbare Wohnungen (derzeit Euro 0,86 netto pro m^2) herabstufen zu lassen. (Näheres zum Mietzins für Altbaueigentumswohnungen finden sie auf ▶ Seite 89.)

möblierter Vermietung fügen Sie dem Mietvertrag am besten eine Inventarliste bei. Wenn Sie den Zustand der Gas- und Stromleitungen nicht kennen, kann deren Überprüfung durch Fachleute keinesfalls schaden. Die Elektrotechnikverordnung sieht seit 2010 einen Mindeststandard für die elektrischen Anlagen von Wohnungen vor. Sie verpflichtet den Vermieter zur Übergabe eines Nachweises über den ordnungsgemäßen Zustand der elektrischen Anlage. Wird vereinbart, dass Sie als Vermieter noch einen bestimmten Zustand am Mietobjekt herstellen werden (z.B. Montage einer Einbauküche oder Verlegung eines Parkettbodens), sollten diese Leistungen sowohl inhaltlich als auch zeitlich ausreichend konkretisiert sein, damit keine Meinungsverschiedenheiten entstehen.

Lassen Sie vor der Vermietung Gas- und Stromleitungen überprüfen

Der Energieausweis

Mit Ausnahme ganz weniger Fälle (Abbruchobjekte, provisorische Bauten, Badehütten etc.) ist bei der Vermietung eines Eigenheimes oder Nutzungsobjektes (Eigentumswohnung) vom Vermieter ein Energieausweis vorzulegen und dem Mieter zu übergeben. Der Energieausweis enthält relevante Daten zur Gesamtenergieeffizienz des Gebäudes bzw. des Nutzungsobjektes, die sich aus vergleichbaren (standardisierten) Berechnungen zur Energieeffizienz von Gebäuden ergeben. Mietinteressenten sollen damit in die Lage versetzt werden, ihre Entscheidung verstärkt auch von den energietechnischen Eigenschaften eines Nutzungsobjektes abhängig zu machen.

In Umsetzung einer EU-Richtlinie (Gebäuderichtlinie 2010) ist mit 1. Dezember 2012 in Österreich ein neues Energieausweis-Vorlagegesetz (EAVG 2012) in Kraft getreten, das deutlich strengere Vorschriften enthält als seine Vorgängerregelung.

In allen Inseraten (Druck oder elektronische Medien) mit Anboten zur Vermietung von Eigenheimen bzw. einzelnen Nutzungsobjekten ist künftig der Heizwärmebedarf und der Gesamtenergieeffizienz-Faktor anzugeben. Diese Verpflichtung trifft den Vermieter, aber auch einen beauftragten Immobilienmakler, wenn dieser das Inserat schaltet. Die Unterlassung dieser Angaben stellt eine Verwaltungsübertretung dar und ist mit einer Verwaltungstrafe zu ahnden.

Energieausweis für Wohngebäude (Quelle: OIB)

Energieausweis für Wohngebäude

OIB Österreichisches Institut für Bautechnik — OIB Richtlinie 6, Ausgabe Oktober 2011

BEZEICHNUNG

Gebäudeteil	Baujahr
Nutzungsprofil	Letzte Veränderung
Straße	Katastralgemeinde
PLZ/Ort	KG-Nr.
Grundstücksnr.	Seehöhe

SPEZIFISCHER HEIZWÄRMEBEDARF, PRIMÄRENERGIEBEDARF, KOHLENDIOXIDEMISSIONEN UND GESAMTENERGIEEFFIZIENZ-FAKTOR (STANDORTKLIMA)

HWB_{SK} PEB_{SK} $CO_{2\,SK}$ f_{GEE}

HWB: Der **Heizwärmebedarf** beschreibt jene Wärmemenge, welche den Räumen rechnerisch zur Beheizung zugeführt werden muss.

WWWB: Der **Warmwasserwärmebedarf** ist als flächenbezogener Defaultwert festgelegt. Er entspricht ca. einem Liter Wasser je Quadratmeter Brutto-Grundfläche, welcher um ca. 30°C (also beispielsweise von 8°C auf 38°C) erwärmt wird.

HEB: Beim **Heizenergiebedarf** werden zusätzlich zum Nutzenergiebedarf die Verluste der Haustechnik im Gebäude berücksichtigt. Dazu zählen beispielsweise die Verluste des Heizkessels, der Energiebedarf von Umwälzpumpen etc.

HHSB: Der **Haushaltsstrombedarf** ist als flächenbezogener Defaultwert festgelegt. Er entspricht ca. dem durchschnittlichen flächenbezogenen Stromverbrauch in einem durchschnittlichen österreichischen Haushalt.

EEB: Beim **Endenergiebedarf** wird zusätzlich zum Heizenergiebedarf der Haushaltsstrombedarf berücksichtigt. Der Endenergiebedarf entspricht jener Energiemenge, die eingekauft werden muss.

PEB: Der **Primärenergiebedarf** schließt die gesamte Energie für den Bedarf im Gebäude einschließlich aller Vorketten mit ein. Dieser weist einen erneuerbaren und einen nicht erneuerbaren Anteil auf. Der Ermittlungszeitraum für die Konversionsfaktoren ist 2004 - 2008.

CO_2: Gesamte dem Endenergiebedarf zuzurechnenden **Kohlendioxidemissionen,** einschließlich jener für Transport und Erzeugung sowie aller Verluste. Zu deren Berechnung wurden übliche Allokationsregeln unterstellt.

f_{GEE}: Der **Gesamtenergieeffizienz-Faktor** ist der Quotient aus dem Endenergiebedarf und einem Referenz-Endenergiebedarf (Anforderung 2007).

Alle Werte gelten unter der Annahme eines normierten Benutzerverhaltens. Sie geben den Jahresbedarf pro Quadratmeter beheizter Brutto-Grundfläche an.

Dieser Energieausweis entspricht den Vorgaben der OIB-Richtlinie 6 "Energieeinsparung und Wärmeschutz" des Österreichischen Instituts für Bautechnik in Umsetzung der Richtlinie 2010/31/EU über die Gesamtenergieeffizienz von Gebäuden und des Energieausweis-Vorlage-Gesetzes (EAVG)

Energieausweis: die Einteilung auf der farbigen Skala

Für die Einordnung eines Gebäudes im Schema des Energieausweises sind vier Kennwerte maßgebend. Hier die beiden wichtigsten, die auch in Immobilienanzeigen angegeben werden müssen:

- Die Kennzahl Heizwärmebedarf (HWB) gibt an, welchen errechneten Energiebedarf ein Gebäude je Quadratmeter Nutzfläche und Jahr für die Heizung hat. Wird dafür ein Liter Öl verbraucht, entspricht dies dem Wert von 10 kWh/m²a. Ein Gebäude mit der Klasse A++ entspricht einem Passivhaus. Die meisten (älteren) Häuser liegen bei einem HWB von rund 100 kWh/m²a und darüber.
- Die Kennzahl Gesamtenergieeffizienz-Faktor (fGEE) soll nicht nur Auskunft über den gesamten Energieverbrauch eines Gebäudes (für Heizung, Kühlung, Warmwasser, Beleuchtung, Haushaltsstrom etc.) geben. Darüber hinaus wird bei diesem Indikator zusätzlich auch die Art des Heizungs- bzw. Kühlungssystems und die Kohlendioxid-Bilanz der verwendeten Energieträger (Kohle, Öl, Gas, Wind, Geothermie, biogene Stoffe) berücksichtigt. Der günstigste fGEE ist ein Wert von 0,55, der schlechteste ein Wert von über 4,00.

Klasse	HWB (kWh/m²a)	PEB (kWh/m²a)	CO_2 (kg/m²a)	fGEE	Klasse
A ++	≤ 10	≤ 60	≤ 8	≤ 0,55	A ++
A +	≤ 15	≤ 70	≤ 10	≤ 0,70	A +
A	≤ 25	≤ 80	≤ 15	≤ 0,85	A
B	≤ 50	≤ 160	≤ 30	≤ 1,00	B
C	≤ 100	≤ 220	≤ 40	≤ 1,75	C
D	≤ 150	≤ 280	≤ 50	≤ 2,50	D
E	≤ 200	≤ 340	≤ 60	≤ 3,25	E
F	≤ 250	≤ 400	≤ 70	≤ 4,00	F
G	> 250	> 400	> 70	> 4,00	G

Bereits vor Vertragsabschluss ist Mietinteressenten der Energieausweis zu zeigen und längstens binnen 14 Tagen nach Vertragsabschluss hat der Vermieter dem Mieter eine vollständige Kopie des Energieausweises auszuhändigen. Der Energieausweis darf höchstens zehn Jahre alt sein. Wird vom Vermieter kein Energieausweis vorgelegt und/oder der Energieausweis nicht dem Mieter übergeben, stellt auch dies eine Verwaltungsübertretung dar und ist entsprechend zu bestrafen.

Hat ein Vermieter nach Vertragsabschluss keinen Energieausweis übergeben, stehen einem Mieter überdies auch zivilrechtliche Möglichkeiten offen. Er kann den Vermieter auf Herausgabe des Ausweises gerichtlich klagen oder selber einen Energieausweis einholen und den Ersatz der dabei entstandenden Kosten binnen drei Jahren gegen den Vermieter geltend machen.

Als Vermieter können Sie sich von diesen Verpflichtungen und Haftungen durch vertragliche Vereinbarungen (Verzichtserklärungen des Mieters) nicht wirksam befreien. Diesbezügliche Gewährleistungsbeschränkungen sind seit dem Inkrafttreten des EAVG 2012 (auch bei Vermietungen von privat an privat) nicht mehr möglich.

Eine Sonderbestimmung sieht das EAVG 2012 für Einfamilienhäuser vor. Hier steht dem Vermieter neben der Einholung eines eigenen Energieausweises auch die Möglichkeit offen, einen Energieausweis über ein vergleichbares Gebäude vorzulegen. Dies wird häufig bei Fertigteilhäusern vorkommen. Die Vergleichbarkeit bezieht sich auf die ähnliche Gestaltung, Größe und Energieeffizienz der Gebäude; der Ausweisersteller muss die Vergleichbarkeit (auch hinsichtlich Lage und Standortklima) bestätigen.

Bei Eigentumswohnungen ist es Sache der Hausverwaltung, einen Energieausweis einzuholen

Wird nur ein Nutzungsobjekt in einem Gebäude vermietet, erfüllt ein Energieausweis für das gesamte Gebäude die Anforderungen des Gesetzes. Wenn Sie eine Eigentumswohnung vermieten möchten, sollten Sie also bei der Hausverwaltung anfragen, ob für das Gebäude bereits ein Energieausweis vorliegt. Soweit von der Eigentümergemeinschaft nichts anderes vereinbart oder beschlossen wurde, hat der Verwalter einer Wohnungseigentumsanlage nämlich dafür zu sorgen, dass ein Energieausweis für das Gebäude (nicht älter als zehn Jahre) vorliegt. Die Kosten des Ausweises sind dann aus der Reparaturrücklage zu finanzieren. Möchte ein Wohnungseigentümer sein Nutzungsobjekt vermieten, so ist der Hausverwalter verpflichtet, ihm eine Kopie des vorliegenden Energieausweises zur Verfügung zu stellen.

Der Mietinteressent soll anhand des standardisierten Energieausweis relativ einfach feststellen können, ob das betreffende Objekt energiesparend oder „energiefressend" ist. Ähnlich den Nachweisen bei Kühlschränken, Waschmaschinen u.Ä. soll auch der Gebäudeausweis auf einer farbigen Skala mit einer Buchstabeneinteilung von A (= sehr gut) bis G (= ineffizient) die für den Normenergieverbrauch wesentlichen Indikatoren prägnant darstellen. In älteren Energieausweisen ist auf der farbigen Skala meist nur der Heizwärmebedarf ausgewiesen, der Auskunft über die Qualität der Gebäudehülle gibt. Ältere Energieausweise behalten ihre Gültigkeit (bis zehn Jahre ab ihrer Erstellung) auch nach Inkrafttreten des EAVG 2012. Liegt nur ein alter Energieausweis vor, so genügt auch die Angabe des Heizwärmebedarfs im Inserat.

Der Energieausweis muss von einer befugten und qualifizierten Person ausgestellt werden. Die Befugnis zur Erstellung und der genaue Inhalt eines Energieausweises sind in Österreich dem Landesgesetzgeber überlassen und leider nicht in allen Bundesländern einheitlich geregelt.

Für die Erstellung des Energieausweises sollten Sie mehrere Angebote einholen

Zu den Kosten des Energieausweises lassen sich nur schwer allgemein gültige Aussagen treffen. Es gibt hier keine Preisregulierung. Der Aufwand für die Erstellung eines Energieausweises hängt nicht unwesentlich davon ab, ob der Eigentümer dem Prüfer die notwendigen Unterlagen übergeben kann (Gebäudepläne, Baubeschreibung inkl. Angaben über Bauteile und Fenster, Heizsystem inkl. Leitungsverlegung).

Schutzpflicht des Vermieters

Als Vermieter haben Sie die Pflicht, Ihren Mieter vor Störungen Dritter zu schützen

Als Vermieter sind Sie nicht nur verpflichtet, Ihrem Mieter den vereinbarten Gebrauch des Mietgegenstandes zu verschaffen, Sie haben Ihren Mieter auch vor Störungen dritter Personen zu schützen. So dürfen Sie als Vermieter Dritten keine Rechte einräumen, die zu einer Störung oder Schädigung Ihres Mieters führen könnten. Auch müssen Sie zumutbare Maßnahmen gegen Nachbarn Ihres Mieters ergreifen, wenn deren Verhalten das Gebrauchsrecht des Mieters beeinträchtigt.

Nächtliche Ruhestörung

Vermietet ist eine Eigentumswohnung. Der Mieter beklagt sich bei seinem Vermieter über regelmäßigen nächtlichen Lärm (laute Musik nach Mitternacht) aus einer Nachbarwohnung. Er ersucht seine Vermieter um Hilfestellung und stellt sogar eine Mietzinsminderung in Aussicht, falls die Lärmbelästigungen andauern sollten. Der Vermieter nimmt seine Schutzpflicht – auch im eigenen Interesse – wahr, indem er zunächst die Hausverwaltung der Wohnungseigentumsanlage und den Wohnungseigentümer der Nachbarwohnung mit der Beschwerde seines Mieters konfrontiert. Seinem Mieter empfiehlt er überdies, bei einer nächtlichen Ruhestörung die Polizei zu rufen, da solche Störungen auch eine Verwaltungsübertretung (ungebührlicher Lärm) darstellen können.

Einstehen für Mieterverhalten

Stört Ihr Mieter die Nachbarn, könnten auch Sie Probleme bekommen

Als Vermieter haben Sie nicht nur Ihren Mieter vor Störungen dritter Personen zu schützen, sondern bis zu einem gewissen Grad auch dritte Personen, vor allem Nachbarn, vor Störungen durch ihren Mieter. Falls das Wohnverhalten Ihres Mieters den Wohnungs- oder Liegenschaftsnachbarn das Zusammenleben verleidet, z.B. durch unzumutbaren Lärm, kann ein betroffener Nachbar auch von Ihnen als (Wohnungs-)Eigentümer Unterlassung der Beeinträchtigungen verlangen. Dasselbe gilt, wenn Ihr Mieter die von Ihnen abgeleiteten Benützungsbefugnisse überschreitet. Eine allenfalls für die Wohnungseigentumsanlage bestehende Hausordnung sollte daher mietvertraglich auf den Mieter überbunden werden.

Haftbar

Frau Auer hat ihre Eigentumswohnung vermietet. Nun wird sie von der Hausverwaltung kontaktiert. Der Mieter von Frau Auer hat ohne Erlaubnis eine Satelliten-Antenne (Sat-Schüssel) an der Gebäudefassade montiert. Andere Wohnungseigentümer haben sich bei der Hausverwaltung darüber beschwert. Damit Frau Auer nicht selber rechtlich belangt wird, muss sie den Mieter zur Entfernung der Satelliten-Antenne bewegen, erforderlichenfalls auch durch Anrufung des Gerichts.

Betreten des Mietobjektes

Als Vermieter haben Sie das Recht, Ihr vermietetes Objekt aus wichtigen Gründen zu betreten. Dazu gehören etwa die Besichtigung mit Kauf- oder Mietinteressenten, eine Begehung zur Vorbereitung notwendiger Erhaltungsarbeiten, aber auch die Kontrolle der Benützung des Objektes in größeren, etwa einjährigen Abständen.

Das Betreten der Wohnung aus den genannten Gründen ist aber nur nach vorheriger Terminvereinbarung mit Ihrem Mieter zulässig. Berechtigte Interessen des Mieters sind bei der Ausübung des Zutrittsrechtes auf jeden Fall zu berücksichtigen. Wenn Ihr Mieter Ihnen den Zutritt verweigert, obwohl ein wichtiger Grund vorliegt, müssen Sie als Vermieter Ihr Zutrittsrecht behördlich (Bezirksgericht bzw. Schlichtungsstelle) durchsetzen.

Betreten Sie als Vermieter das Mietobjekt gegen den Willen Ihres Mieters ohne behördliche Entscheidung, also eigenmächtig, stellt das eine unzulässige Besitzstörung dar. Ihr Mieter könnte in so einem Fall eine Besitzstörungsklage gegen Sie beim Bezirksgericht einbringen. Das eigenmächtige Betreten des Mietobjektes bei Abwesenheit des Mieters ist durch Sie als Vermieter nur zulässig, wenn Gefahr in Verzug vorliegt, wenn also etwa wegen eines Wohnungsbrandes oder Rohrgebrechens der sofortige Zutritt zum Mietobjekt erforderlich ist, um einen noch größeren Schaden abzuwenden.

Genau informieren

Wenn in Ihrer Eigentumswohnung Arbeiten über Auftrag der Hausverwaltung durchgeführt werden müssen, klären Sie vorweg den Ablauf und den Zeitrahmen ab. Welche Handwerker kommen wann? Wenn Möbel zu verstellen oder Einbaumöbel abzubauen sind, ist abzuklären, wer diese Arbeiten macht. Wer kommt für die Reinigung auf? Bis wann sind die Arbeiten längstens abgeschlossen? Nur dann können Sie Ihren Mieter richtig informieren und spätere Streitigkeiten wegen unklarer Angaben verhindern.

Unverhältnismäßig

Ein Einfamilienhaus wird auf drei Jahre vermietet. Vertraglich wird der Mieter zu sehr umfangreichen Sanierungsarbeiten und laufenden Mietzinszahlungen verpflichtet. Als dem Mieter nach Einholung eines Kostenvoranschlages klar wird, wie aufwendig und kostspielig die vertraglich übernommenen Sanierungsarbeiten sind, verlangt er von seinem Vermieter die Vertragsauflösung bzw. -anpassung. Rechnet man die notwendigen Sanierungskosten zum vereinbarten Mietzins hinzu, ergibt sich insgesamt ein Entgelt für die Benützung des Einfamilienhauses, das mehr als doppelt so hoch wie üblicherweise für vergleichbare Mietobjekte erzielbar ist. Obwohl für das Einfamilienhaus die Mietzinsobergrenzen des MRG nicht gelten, hat der Mieter gute Chancen, den Mietvertrag vor Gericht erfolgreich anzufechten.

Mietzins

Wenn Sie es nicht anders regeln, ist der Mietzins immer im Voraus fällig

Die Hauptpflicht eines Mieters ist es, regelmäßig den vereinbarten Mietzins zu bezahlen. Soweit nichts anderes vereinbart wird, ist der Mietzins immer am Fünften des Monats im Voraus fällig. Die Verjährungsfrist für Mietzinsforderungen beträgt drei Jahre ab Fälligkeit.

Mietzinsobergrenzen gelten vor allem für Altbaueigentumswohnungen (Vollanwendungsbereich MRG, ► Seite 82). Für Neubaueigentumswohnungen und Einfamilienhäuser gibt es prinzipiell keine Mietzinsobergrenzen. Ausnahmen können jedoch aufgrund von Wohnbauförderungsvorschriften bestehen (► Seite 102). Soweit für das Mietobjekt keine gesetzlichen Mietzinsobergrenzen gelten, sind Mietzinsvereinbarungen nachträglich nur sehr eingeschränkt anfechtbar – etwa wenn ein besonders grobes Missverhältnis zwischen Leistung und Gegenleistung besteht.

Gesamt oder variabel

Ob Sie den Gesamtmietzins (Hauptmietzins, Betriebskosten, evtl. Umsatzsteuer) als Pauschalbetrag festlegen oder die einzelnen Mietzinsbestandteile jeweils gesondert vereinbaren und die Betriebskostenüberwälzung variabel gestalten, bleibt Ihnen überlassen. Zumindest bei längerfristigen Mietverträgen empfehlen wir, Betriebskosten des Hauses als variablen

Hausverwaltung nicht zuständig

Eine mit der Verwaltung einer Eigentumswohnungsanlage betraute (professionelle) Hausverwaltung ist grundsätzlich nicht dafür zuständig, bei vermieteten Eigentumswohnungen Abrechnungen für die Mieter zu erstellen oder sich gar um das Mietzinsinkasso zu kümmern. Dazu wäre eine gesonderte Vereinbarung (Auftragserteilung) zwischen dem vermietenden Wohnungseigentümer und der bestellten Hausverwaltung erforderlich.

Mietzinsbestandteil („in jeweiliger Höhe") in den Vertrag aufzunehmen. Dies deshalb, weil die Betriebskosten im Regelfall schneller steigen als die Inflationsrate. Bei einer Pauschalmietzinsvereinbarung mit Wertsicherung auf Basis der Inflationsrate würde daher der Anteil, der Ihnen nach Abzug der Betriebskosten verbleibt, immer geringer. Eine variable Gestaltung des Betriebskostenanteils verpflichtet Sie aber auch zur jährlichen Abrechnung der Betriebskosten gegenüber Ihrem Mieter. Wird ein Pauschalmietzins vereinbart, ersparen Sie sich die jährliche Rechnungslegung. Bei befristeten Verträgen mit relativ kurzer Laufzeit ist die Vereinbarung eines Pauschalmietzinses daher durchaus sinnvoll.

Bei langer Vertragsdauer besser variable Betriebskostenüberwälzung vereinbaren

Wichtig ist, dass die Mietzinsvereinbarung ausreichend bestimmt ist, dass also klar daraus hervorgeht, was im vereinbarten Betrag enthalten ist und was nicht. Die sogenannten Wohnungsbetriebskosten (Gas, Strom, Telefon etc.) sollten im vereinbarten Mietzins nicht enthalten sein, sondern besser vom Mieter direkt an das jeweilige Versorgungsunternehmen gezahlt werden. Die entsprechenden Bezugsverträge sollten also auf den

Wohnungsbetriebskosten gehen am besten direkt auf den Namen Ihres Mieters

Klar formuliert

Vermietet wird eine Eigentumswohnung auf drei Jahre. Die Mietzinsvereinbarung lautet: „Als Pauschalmietzins wird der Gesamtbetrag von 500 Euro vereinbart. Darin enthalten sind sowohl Betriebskosten als auch eine allenfalls vom Vermieter zu entrichtende Umsatzsteuer. Betriebskostenschwankungen bleiben außer Betracht. Die Rechnungslegungspflicht für den Vermieter entfällt. Gas, Strom und Telefon sind auf den Namen des Mieters anzumelden und von diesem direkt an die Versorgungsunternehmen zu bezahlen."

Namen des Mieters lauten. Falls es hier zu Zahlungsrückständen kommt, haftet dem jeweiligen Versorgungsunternehmen dann der Mieter und nicht Sie als Vermieter.

Wertsicherung

Wollen Sie den Mietzins an die Inflationsrate anpassen, müssen Sie eine Wertsicherungsklausel vereinbaren

Eine Wertsicherung des vereinbarten Mietzinses – die Anpassung entsprechend der Inflationsrate – ist nur zulässig, wenn im Mietvertrag eine Wertsicherungsklausel vereinbart wurde. Vor allem bei unbefristeten Verträgen und Verträgen mit langer Befristungsdauer ist eine Wertsicherungsvereinbarung wichtig, damit es zu keinem effektiven „Schrumpfen" des ursprünglich festgesetzten Mietzinses kommt. Meist sind Wertsicherungsklauseln an den Verbraucherpreisindex (VPI) geknüpft, der vom Statistischen Zentralamt laufend aktualisiert wird und im Internet unter www.statistik.at eingesehen werden kann. Auskünfte zum Verbraucherpreisindex bekommen Sie vom Statistischen Zentralamt auch telefonisch. Alle fünf Jahre kommt ein neuer Verbraucherpreisindex, beginnend mit Hundert. Der aktuelle Verbraucherpreisindex (Stand: Jänner 2019) ist der VPI 2015. Die verschiedenen VPIs verschieben sich alle im selben Verhältnis wie der VPI 2015, weil sie verkettet werden.

In den vertraglichen Wertsicherungsklauseln wird zumeist vorgesehen, dass sich der Pauschalmietzins bzw. der Hauptmietzins, falls die Betriebskostenüberwälzung variabel vereinbart wurde, im selben Ausmaß ändert wie der Verbraucherpreisindex. Weiters kann darin enthalten sein, dass Änderungen des Verbraucherpreisindex außer Betracht bleiben sollen, solange dadurch nicht eine gewisse Schwelle (Änderung des VPI um fünf oder zehn Prozent) überschritten wird.

Bei Einfamilienhäusern (ABGB-Miete) und bei Neubaueigentumswohnungen (Teilanwendungsbereich MRG) kann eine vereinbarte Wertsicherung auch bis zu drei Jahre rückwirkend geltend gemacht werden, wenn Sie als Vermieter zunächst darauf vergessen haben. Bei Altbauwohnungen (Vollanwendungsbereich MRG) ist eine rückwirkende Geltendmachung der Wertsicherung nicht möglich. Hier müssen Erhöhungen aufgrund von Wertsicherungsvereinbarungen dem Mieter schriftlich bekannt gegeben werden und sie wirken nur für die Zukunft. Beim Richtwert-

und beim Kategoriemietzins (► Seite 91 f) wird die Wertsicherung am einfachsten an die kundgemachten Veränderungen gekoppelt.

Wertsicherung konkret

Zur Verdeutlichung dieser theoretischen Ausführungen ein praktisches Beispiel: Seit 1.2.2014 ist ein Einfamilienhaus für fünf Jahre vermietet. Es wurde ein Pauschalmietzins von 700 Euro vereinbart. Der schriftliche Mietvertrag enthält folgende Wertsicherungsklausel: „Der als Pauschalmietzins vereinbarte Betrag verändert sich in dem Maß, das sich aus der Veränderung des VPI 2010 (oder des an seine Stelle tretenden Index) gegenüber dem für den Monat Februar 2014 verlautbarten Index ergibt. Dabei sind Änderungen so lange nicht zu berücksichtigen, als sie fünf Prozent des bisher maßgebenden Betrages nicht übersteigen. Bei Überschreitung wird die gesamte Änderung berücksichtigt. Die Änderung ist ab dem darauffolgenden Monat wirksam. Die neue Indexzahl ist Ausgangspunkt für die Errechnung weiterer Änderungen."

Im Februar 2014, bei Vertragsabschluss, war der Indexwert (VPI 2010) 108,5. Erst wenn der Schwellenwert von 113,93 (108,5 + 5 Prozent) überschritten wird, kann die Wertsicherung vom Vermieter geltend gemacht werden.

So können Sie die Wertsicherung selbst berechnen

Für den Monat Dezember 2016 hat der Indexwert (VPI 2010) 113 betragen. Damit ergibt sich folgende Berechnung:

113 : 108,5 = 1,041

1,041 x 100 – 100 = 4,1 Prozent

Eine Überschreitung des Schwellenwertes (113,93) lag zu diesem Zeitpunkt noch nicht vor. Für den Monat Juni 2017 betrug der Indexwert (VPI 2010) hingegen bereits 114; damit war der Schwellenwert von 113,93 erstmals überschritten. Nun ergibt die Berechnung:

114 : 108,5 = 1,051

1,051 x 100 – 100 = 5,1 Prozent

Ab dem nächsten Monat, also ab Juli 2017, kann der Vermieter von der Wertsicherung Gebrauch machen und den vereinbarten Gesamtmietzins von monatlich 700 Euro um 5,1 Prozent erhöhen, also 735,70 Euro vom Mieter fordern.

Mietzinsminderung

Bei wesentlichen Beeinträchtigungen des Mietrechtes steht es einem Mieter zu, den Mietzins zu mindern (§ 1096 ABGB). Ein Mietzinsminderungsanspruch besteht nicht, wenn

- dem Mieter die Beeinträchtigungen bei Anmietung bereits bekannt waren bzw. diese von ihm akzeptiert wurden oder wenn
- die Beeinträchtigungen vom Mieter verschuldet wurden bzw. der Mieter zu deren Behebung verpflichtet ist.

Gründe für eine Mietzinsminderung können z.B. Umbauarbeiten mit starkem Baulärm oder eine Sperre der Gas- oder Elektroleitungen sein. Ein Verschulden des Vermieters ist dafür nicht erforderlich. Der Mietzinsminderungsanspruch steht einem Mieter für die Dauer der Beeinträchtigung zu. Er endet auch dann, wenn der Mieter die Gebrauchsbeeinträchtigung selber behebt.

Nach der Rechtsprechung des Obersten Gerichtshofes ist bei Lärmbeeinträchtigungen durch Bauführungen auf Nachbarliegenschaften jedoch zu unterscheiden, ob die Wohnung im geschlossenen Siedlungsgebiet liegt oder nicht. Innerhalb eines Siedlungsgebietes sei nämlich mit gelegentlichen baulichen Maßnahmen (Schließung von Baulücken, Umbauten und Reparaturen an Gebäuden) zu rechnen, womit Lärmbeeinträchtigungen (bei schonungsvoller Bauführung) als ortsüblich anzusehen sind und damit kein Mietzinsminderungsanspruch gegeben ist. (OGH 5 Ob 57/13p)

Das Ausmaß der Mietzinsminderung hängt vom Grad der Unbrauchbarkeit des Mietobjektes ab und kann bis zu 100 Prozent (Mietzinsbefreiung) bei völliger Unbenutzbarkeit des Mietobjektes ausmachen. Eine Mietzinsminderung bezieht sich immer auf den Bruttomietzins, also auch auf die Betriebskosten. Das Recht auf Mietzinsminderung kann vertraglich im Vorhinein nicht wirksam ausgeschlossen werden.

Da die Gerichte über Mietzinsminderungsansprüche immer im Einzelfall entscheiden und auch die persönliche Situation des Mieters berücksichtigt wird, gibt es keine fixen Prozentsätze für bestimmte Mängel. Als Anhaltspunkte, welche Minderungen möglich sind, im Folgenden Beispiele aus der Rechtsprechung:

- 100 Prozent, wenn der Zutritt zur Wohnung nicht mehr möglich ist: eingestürztes Stiegenhaus, Austausch des Wohnungsschlosses durch den Vermieter
- 50 Prozent wegen abgesperrter Wasserzufuhr und Unbenützbarkeit des Bades
- 33 Prozent wegen Unbenützbarkeit des Duschraumes
- 20 Prozent wegen Baulärm
- 80 Prozent wegen fehlender Wasser- und Stromversorgung
- 10 Prozent wegen Unbrauchbarkeit des mitvermieteten Geschirrspülers und zeitweisen Ausfalls der Heizung
- 20 Prozent wegen Abschaltung der Stromzufuhr zum Elektroherd
- 25 Prozent wegen Abschaltung der Warmwasserversorgung und der Heizung
- 50 Prozent wegen der Unmöglichkeit des Anschlusses eines Heißwasserspeichers und der Waschmaschine trotz vertraglicher Zusicherung
- 10 Prozent wegen unzureichender Warmwasserversorgung, weitere 10 Prozent während der Heizperiode wegen mangelhafter Heizleistung
- 15 Prozent wegen Pölzungen innerhalb des Bestandobjektes

Informationspflichten

Sowohl Vermieter als auch Mieter sollten ihrem Vertragspartner Umstände, die für diesen wichtig sind, unverzüglich mitteilen. Nur so kann der jeweils andere rechtzeitig Vorkehrungen treffen und die Entstehung von Schäden verhindern. Eine Verletzung von Informationspflichten kann in Einzelfällen zu Schadenersatzansprüchen führen.

Wichtige Umstände sind dem Vertragspartner mitzuteilen

Die Informationspflichten sind zum Teil ausdrücklich im Gesetz erwähnt. So obliegt es einem Mieter, seinem Vermieter Schäden wie das Entstehen von Mauerrissen oder Undichtheiten an der Gasleitung zu melden. Er muss ihn auch verständigen, wenn er wesentliche Veränderungen am Mietobjekt vornehmen möchte. Der Vermieter hat seinen Mieter vor allem von notwendigen Umbauarbeiten am Gebäude oder zeitweiligen Unterbrechungen der Versorgungsleitungen (Gas, Wasser, Strom) rechtzeitig in Kenntnis zu setzen. Nach dem Meldegesetz ist ein Vermieter verpflichtet, den Meldezettel des Mieters als Unterkunftgeber zu unterschreiben. Ein Mieter darf von seinem Vermieter auch erwarten, dass dieser Bestätigungen für Behörden (z.B. Wohnbeihilfe) ausstellt.

Besondere Probleme können auftreten, wenn einer der beiden Vertragspartner für längere Zeit ortsabwesend ist oder überhaupt dauerhaft übersiedelt, ohne dem anderen Bescheid zu geben. Für diesen Fall ist eine Klausel in der Mietvertragsurkunde sinnvoll, wonach an die in der Mietvertragsurkunde genannten Postanschriften der Vertragspartner (beim Mieter in der Regel die Adresse des Mietobjektes) so lange wirksam zugestellt werden kann, bis eine Benachrichtigung von einer neuen Postzustelladresse vorliegt.

Tierhaltung regeln

Ein generelles Verbot der Tierhaltung im Mietvertrag ist nicht wirksam – denken Sie an den Goldfisch im Glas oder das Meerschweinchen im Käfig. Zulässig ist dagegen eine Regelung mit einer klaren Formulierung, dass bestimmte Tiere, wie z.B. ein Hund, nicht in der Wohnung gehalten werden dürfen. Hält sich Ihr Mieter dann nicht an das Verbot und kommt es zu Störungen anderer Bewohner, so können Sie mit Unterlassungsklage gegen ihn vorgehen. Aber auch hier wird im Einzelfall zu unterscheiden sein, ob das Mietobjekt eine Eigentumswohnung in einem mehrgeschoßigen Gebäude oder ein Einfamilienhaus mit Garten ist.

Erhaltung des Mietobjektes

Mit Erhaltung ist vor allem gemeint, wer während des laufenden Mietverhältnisses für erforderliche Instandsetzungsarbeiten zu sorgen hat. Je nachdem, ob es sich um eine Altbaueigentumswohnung (► Seite 82), eine Neubaueigentumswohnung (► Seite 122) oder ein Einfamilienhaus (► Seite 136) handelt, gelten für die Erhaltungspflichten unterschiedliche Regelungen.

Wohnrechtsnovelle regelt Streitigkeiten betreffend Heizthermen

Seit Inkrafttreten der Wohnrechtsnovelle 2015 fallen bei Altbaueigentumswohnungen und Neubaueigentumswohnungen Arbeiten, die zur Erhaltung von mitvermieteten Heizthermen, Warmwasserboilern oder sonstigen mitvermieteten Wärmebereitungsgeräten erforderlich sind, jedenfalls in die Erhaltungspflicht des Vermieters. Für die Wartung solcher Geräte ist weiterhin der Mieter zuständig.

Gesetzliche Wartungspflichten treffen den Mieter bei allen Mietverhältnissen. Es handelt sich hier um Maßnahmen, die noch nicht als Reparatur gelten und ohne größeren Aufwand vorgenommen werden können (z.B. Dichtheit von Armaturen, Wartung einer Heiztherme im erforderlichen Ausmaß). Eine vertragliche Ausdehnung dieser Mieterpflichten ist bei sämtlichen Mietverhältnissen problematisch.

Das Ausmalen von Wandoberflächen gilt als „Verschönerungsmaßnahme", die nicht zu den gesetzlichen Wartungspflichten des Mieters gehört. Natürlich müssen auch Sie als Vermieter während eines lang andauernden Mietverhältnisses das vermietete Objekt nicht alle paar Jahre neu ausmalen.

Auf die Erhaltungspflichten bei vermieteten Altbaueigentumswohnungen wird auf ► Seite 83 näher eingegangen, auf jene bei vermieteten Neubaueigentumswohnungen auf ► Seite 123, und auf jene bei vermieteten Einfamilienhäusern auf ► Seite 137.

Veränderungen

Wesentliche Veränderungen am Mietobjekt (Wanddurchbrechungen, Sanitär- und Heizungseinbauten etc.) darf ein Mieter nicht ohne Zustimmung seines Vermieters vornehmen. Die eigenmächtige Vornahme

Ohne Ihre Zustimmung darf kein Mieter Ihre Wohnung wesentlich umbauen

solcher Umbauten durch einen Mieter stellt eine Besitzstörung dar. Als Vermieter können Sie sich in solchen Fällen mit einer Besitzstörungsklage zur Wehr setzen. Beachten Sie, dass Besitzstörungsklagen binnen 30 Tagen ab Kenntnis der Störung beim Bezirksgericht einzubringen sind. Nur bei Altbaueigentumswohnungen (Vollanwendungsbereich MRG) kann ein Mieter die verweigerte Zustimmung seines Vermieters zu Änderungen in manchen Fällen behördlich ersetzen lassen (► Seite 88). Unwesentliche Veränderungen (Ausmalen, Tapezieren etc.) darf ein Mieter am Mietobjekt grundsätzlich immer vornehmen, ohne die Erlaubnis seines Vermieters einzuholen.

Rückstellung des Mietobjektes

Bei Ende des Mietverhältnisses ist Ihr Mieter verpflichtet, das Mietobjekt an Sie als Vermieter zurückzustellen. Diese Rückstellung des Mietobjektes geschieht durch Übergabe der Schlüssel. Ihr Mieter muss das Mietobjekt geräumt und besenrein an Sie als Vermieter übergeben. Geräumt bedeutet, dass Ihr Mieter grundsätzlich sämtliche beweglichen Sachen (auch Einbaumöbel), die er in das Mietobjekt gebracht oder seinem Vormieter abgekauft hat, aus dem Mietobjekt entfernen muss. Ist das Mietobjekt zum Rückstellungstermin nicht geräumt, können Sie als Vermieter die Übernahme der Schlüssel verweigern und Ihren Mieter zur Entfernung seiner Gegenstände auffordern. **Vorsicht.** Nur wenn die Wohnung nicht geräumt ist, dürfen Sie die Übernahme der Schlüssel verweigern. Verweigern Sie diese aus anderen Gründen, z.B. wegen einer Beschädigung, geraten Sie in Annahmeverzug.

Verzögert sich die Rückstellung aus Gründen, die beim Mieter liegen, über das Vertragsende hinaus, hat er für die Zeitspanne nach Vertragsende ein angemessenes Benützungsentgelt zu bezahlen. War kein unüblich hoher Mietzins vereinbart, können Sie ein Benützungsentgelt in der Höhe des bisherigen Mietzinses verlangen.

Ist das Mietobjekt zum Rückstellungstermin nicht geräumt, haben Sie als Vermieter aber auch die Möglichkeit, die von Ihrem Mieter angebotenen Schlüssel unter Protest zu übernehmen und die Entrümpelung des

Mietobjektes – zumeist wird ein Mieter nur wertlose Sachen zurücklassen wollen – selber in Auftrag zu geben. Die Entrümpelungskosten können Sie dann mit dem Kautionsbetrag abrechnen.

Die gewöhnliche Abnützung bleibt außer Betracht

Grundsätzlich ist Ihnen als Vermieter das Mietobjekt so zurückzustellen, wie Sie es bei der Vermietung übergeben haben – gewöhnliche Abnützung und unwesentliche Veränderungen während der Mietdauer bleiben dabei außer Betracht (Rechtsprechung zu § 1109 ABGB). Nur bei Altbaueigentumswohnungen (Vollanwendungsbereich MRG) kann Ihr Mieter auch gewisse wesentliche Veränderungen immer in der Wohnung belassen (► Seite 88).

Schäden

Für Schäden, die über die gewöhnliche Abnützung hinausgehen, bzw. bei Rückstellung des Objektes in vertragswidrigem Zustand haftet Ihnen der Mieter nach den Regeln des Schadenersatzrechtes. Schadenersatzansprüche des Vermieters setzen neben einem Schaden auch ein Verschulden des Mieters voraus, wobei der Mieter auch für ein Verschulden von Mitbewohnern, Besuchern oder von ihm beauftragten Handwerkern einzustehen hat. Sie als Vermieter trifft eine Schadenminderungspflicht. Bei der Berechnung der Schadenshöhe (z.B. Reparaturkosten) ist auf den Zeitwert der beschädigten Sache Bedacht zu nehmen. Wenn ein Schaden am Mietobjekt nicht (zur Gänze) durch eine Kaution abgedeckt ist, müssen Sie als Vermieter den Schadenersatzanspruch innerhalb eines Jahres ab Rückstellung des Objektes gerichtlich geltend machen (§ 1111 ABGB), da sonst Ihr Schadenersatzanspruch erlischt (Präklusion).

Unwesentliche Veränderungen an Ihrer Wohnung müssen Sie als Vermieter hinnehmen

Wie bereits erwähnt, steht es dem Mieter prinzipiell zu, während des aufrechten Mietverhältnisses unwesentliche Veränderungen am Objekt vorzunehmen. In welchem Farbton er die Wände des Mietobjektes während der Mietdauer ausmalt, ist grundsätzlich seine Entscheidung. Bei Rückstellung des Objektes müssen Sie als Vermieter eine ortsunübliche Wandgestaltung (z.B. schwarz ausgemalte Wände) trotzdem nicht dulden.

Eine Verpflichtung Ihres Mieters, die Wände des Objektes vor Rückstellung in demselben Farbton wie bei Anmietung auszumalen, besteht grundsätzlich aber nicht. In vielen Mietvertragsformularen ist eine

„Endausmalverpflichtung" des Mieters vorgesehen. Der Oberste Gerichtshof hat inzwischen aber klar ausgesprochen, dass – zumindest bei Formularmietverträgen – eine vertragliche Ausmalverpflichtung des Mieters bei sämtlichen Mietverhältnissen unwirksam (weil „gröblich benachteiligend" im Sinne des § 879 Abs. 3 ABGB) ist, wenn dem Mieter nach der Vertragsgestaltung nicht ein entsprechender Ausgleich zugute kommt. Wird z.B. im Mietvertrag vereinbart, dass der Mieter die Wohnung bei Mietende neu ausgemalt zurückstellen muss und im Gegenzug dafür die ersten eineinhalb Monate nach Anmietung von der Mietzinszahlung befreit ist, wird von einer zulässigen Endausmalverpflichtung des Mieters auszugehen sein. Entscheidend ist bei solchen Klauseln also immer das Gesamtbild. Auch gesetzliche Regelungen, die nicht zwingendes Recht darstellen, sollen nicht einseitig zum Nachteil des „schwächeren" Vertragspartners abgeändert werden können.

Das Verbot der gröblichen Benachteiligung gilt jedenfalls für Formularmietverträge. Das sind nicht nur Vertragsvordrucke, die massenweise in Verwendung stehen, sondern auch Computermietverträge, wenn ihre Verwendung für mehr als bloß eine Vermietung beabsichtigt ist (auch wenn sie im Einzelfall bei den Vermietungen individualisiert werden). Nach der Rechtsprechung des Obersten Gerichtshofes können vom Verbot der gröblichen Benachteiligung sogar Individualverträge (der Vertragstext wird extra für eine einzige Vermietung erstellt) erfasst sein. Dies allerdings nur, wenn ein typischerweise überlegener Vertragspartner einem typischerweise unterlegenen Vertragspartner gegenübersteht.

Aufwandersatz

Hat ein Mieter selbst in ein Wohnobjekt investiert und nützliche oder notwendige Aufwendungen vorgenommen, steht ihm dafür ein Aufwandersatz zu. Und so sehen die für alle Mietverhältnisse geltenden Regelungen (§ 1097 ABGB) aus:

Nützliche Aufwendungen. Tätigt ein Mieter Aufwendungen am Mietobjekt, die für den Vermieter nützlich sind, steht ihm bei Mietende ein

Aufwandersatz zu, sofern dies vertraglich nicht ausgeschlossen wurde. Nützlich sind die Aufwendungen nur, wenn sie für Sie als Vermieter nach Mietende, subjektiv betrachtet, einen klaren Vorteil darstellen. Aufwandersatz für einen nützlichen Aufwand muss Ihr Mieter bei sonstiger Präklusion (Erlöschen) spätestens sechs Monate nach Rückgabe des Mietobjektes gerichtlich geltend machen. Für die Höhe des Ersatzanspruches ist vor allem auf den Zeitwert der Investition bei Mietende abzustellen. Nur bei Altbaueigentumswohnungen (Vollanwendungsbereich MRG) gilt neben dieser allgemeinen Regelung für nützliche Aufwendungen zusätzlich noch der Ersatzanspruch nach § 10 MRG, der vertraglich keinesfalls ausgeschlossen werden kann (► Seite 117).

Aufwendungen, die für Sie nützlich sind, müssen Sie dem Mieter abgelten

Notwendige Aufwendungen. Sie liegen dann vor, wenn Ihr Mieter im Notfall (z.B. Brand) sinnvolle Maßnahmen zur Schadensbegrenzung setzt oder einen Aufwand tätigt, zu dem nach Gesetz oder Vertrag Sie als Vermieter verpflichtet gewesen wären. Der Ersatzanspruch für not-

Kostenregress

Eine Neubaueigentumswohnung wurde 2013 auf zehn Jahre befristet vermietet. Im Juli 2019 wird die mitvermietete Heiztherme – ein älteres Gerät – durch gewöhnliche Abnützung defekt. Die Mieterin ersucht den Vermieter, für die erforderliche Reparatur zu sorgen. Der Vermieter verweigert dies mit der Begründung, der Mietvertrag sei vor der Wohnrechtsnovelle 2015 abgeschlossen worden. Vertraglich habe sich die Mieterin zur Erhaltung der Heiztherme verpflichtet, Aufwandersatz sei vertraglich überdies ausgeschlossen worden. Die Mieterin beauftragt daraufhin selber einen Installateur mit der Reparatur der Heiztherme. Anschließend bringt sie bei Gericht eine Klage auf Ersatz der aufgewendeten Kosten gegen ihren Vermieter ein.
Die Mieterin wird das Gerichtsverfahren aller Voraussicht nach gewinnen. Die Wohnrechtsnovelle 2015 gilt auch für „Altverträge". Nachdem die Reparatur der Heiztherme nach dem 1.1.2015 erfolgt ist, hat die Mieterin einen Aufwand getätigt, zu dem ihr Vermieter verpflichtet gewesen wäre. Der Mieterin steht daher Aufwandersatz zu. Anders lautende Klauseln im Mietvertrag ändern daran nichts.

wendige Aufwendungen kann vertraglich nicht ausgeschlossen werden. Aufwandersatz für einen notwendigen Aufwand kann Ihr Mieter sofort, bei noch aufrechtem Mietverhältnis, fordern. Er muss ihn aber bei sonstiger Präklusion (Erlöschen) spätestens sechs Monate nach Rückgabe des Mietobjektes gerichtlich geltend machen. Für die Höhe des Ersatzanspruches kommt grundsätzlich die gesamte Höhe des notwendigen Aufwands in Betracht.

Jedenfalls bei vermieteten Altbaueigentumswohnungen und Neubaueigentumswohnungen sind seit der Wohnrechtsnovelle 2015 Sie als Vermieter für eine erforderliche Reparatur bzw. Erneuerung mitvermieteter Geräte zur Beheizung bzw. Warmwasseraufbereitung zuständig. Lässt Ihr Mieter das Gerät reparieren oder erneuern, weil Sie als Vermieter sich geweigert haben, steht dem Mieter ein Ersatzanspruch für „notwendigen Aufwand" zu. Dies gilt auch für Verträge, die vor dem 1.1.2015 abgeschlossen wurden. Nur für Reparaturen bzw. Erneuerungen, die ein Mieter bereits vor dem Stichtag 1.1.2015 durchgeführt hat, steht kein Ersatzanspruch zu.

Steuern

Vermieten Sie laufend, werden eventuell Steuern fällig

Bei der laufenden Vermietung einer Eigentumswohnung oder eines Einfamilienhauses werden Sie als Vermieter immer wieder mit zwei Abgaben konfrontiert sein: der Einkommensteuer und der Umsatzsteuer. Im Folgenden können wir nur die Grundzüge dieser beiden Abgaben, soweit sie bei der Vermietung wichtig erscheinen, darstellen.

Einkommensteuer

Die Einkommensteuer ist eine Ertragsteuer. Sie wird jeweils anhand der Summe der steuerpflichtigen Einkünfte (Einnahmen abzüglich der zugehörigen Ausgaben – Betriebsausgaben oder Werbungskosten) einer natürlichen Person in einem Kalenderjahr ermittelt. Neben den Einkünften aus nicht selbstständiger und selbstständiger Arbeit zählen dazu auch Einkünfte aus einem Gewerbebetrieb, aber auch aus Vermietung und Verpachtung usw.

Ob Sie eine Einkommensteuererklärung beim Finanzamt einreichen und tatsächlich Einkommensteuer bezahlen müssen, hängt aber auch von der Art und der Gesamthöhe der Einkünfte und der Berücksichtigung bestimmter Freibeträge ab. Für Lohnsteuerpflichtige gibt es z.B. einen jährlichen Freibetrag von 730 Euro. Bis zu dieser Grenze können Sie weitere Einkünfte haben, ohne eine Einkommensteuererklärung abgeben zu müssen. Für Einkommen von insgesamt nicht mehr als 11.000 Euro jährlich fällt überhaupt keine Steuer an.

Ob und wie viel Einkommensteuer Sie zahlen müssen, hängt auch von der Gesamthöhe Ihrer Einkünfte ab

Für den steuerlichen Bereich der Vermietung werden die Einkünfte als Überschuss der Einnahmen über die Werbungskosten definiert. Übersteigen die Werbungskosten die Einnahmen, so liegt ein steuerlich ausgleichsfähiger Verlust vor. Ist allerdings über einen absehbaren Zeitraum kein Gesamtüberschuss der Einnahmen über die Werbungskosten zu erwarten, liegt aus steuerlicher Sicht Liebhaberei vor. In diesem Fall werden die Verluste steuerlich nicht anerkannt und können daher auch nicht mit anderen Einkünften gegengerechnet werden.

Einnahmen sind vor allem die laufenden Mietzinse, Ablösen aller Art sowie allfällige Schadenersatzleistungen für den Ausfall von Einnahmen. Subventionen aus öffentlichen Mitteln im Rahmen der Wohnbauförderung bzw. Wohnhaussanierung zählen dagegen nicht zu den Einnahmen. Diese verringern die damit in Zusammenhang stehenden Aufwendungen.

Subventionen zählen nicht zu den Einnahmen

Werbungskosten sind alle mit der Erzielung von Einkünften zusammenhängenden Aufwendungen und Ausgaben. Dazu zählen insbesondere die Absetzung für Abnutzung, die laufenden Betriebskosten (soweit auch die dem Mieter verrechneten Betriebskosten als Einnahmen und nicht als Durchlaufposten behandelt werden) und die Kosten für laufende Reparaturen und Großreparaturen (► Seite 76).

Grundsätzlich wird der Überschuss (der Verlust) nach dem Zu- und Abflussprinzip ermittelt. Das heißt, die tatsächlichen Einnahmen werden den tatsächlichen Ausgaben eines Kalenderjahres gegenübergestellt. Ausnahmen gelten für die Absetzung für Abnutzung (AfA) und für Großreparaturen.

Absetzung für Abnutzung

Die Absetzung für Abnutzung (AfA) führt dazu, dass Sie als Vermieter die Anschaffungskosten des Gebäudes – auf die Nutzungsdauer verteilt – als Werbungskosten geltend machen können. Bemessungsgrundlage für die AfA sind also grundsätzlich die Anschaffungskosten für den Gebäudeanteil. Für den Grundanteil steht dagegen keine AfA zu, weil Grund und Boden nicht abnutzbar ist!

Wird eine Eigentumswohnung oder ein Einfamilienhaus nach der Anschaffung zunächst selbst benutzt und erst später vermietet, so ist die AfA grundsätzlich auf Basis der fiktiven Anschaffungskosten (also jenes Betrages, der bei einem Kauf des Objekts zum Zeitpunkt des Vermietungsbeginns angefallen wäre) zu berechnen. Die fiktiven Anschaffungskosten können nur im Schätzungsweg auf Grundlage einer Liegenschaftsbewertung mit einem Gutachten ermittelt werden.

Achtung. Bei erstmaliger Vermietung ab dem 1. Jänner 2013 ist für die Berechnung der AfA auf den Anschaffungszeitpunkt abzustellen. Nur wenn der letzte entgeltliche Erwerb vor dem 31. März 2002 erfolgt ist, dürfen die fiktiven Anschaffungskosten als Bemessungsgrundlage herangezogen werden. Wurde erst nach dem 31. März 2002 erworben, so stellen stets die tatsächlichen Anschaffungskosten die Bemessungsgrundlage für die AfA dar.

Wird ein Gebäude unentgeltlich erworben (z.B. durch Erbschaft) und später erstmalig vermietet, so ist die AfA ebenfalls von den fiktiven Anschaffungskosten zu berechnen. Ist die Eigentumswohnung oder das Einfamilienhaus beim unentgeltlichen Erwerb hingegen bereits vermietet, so muss die Absetzung für Abnutzung in derselben Höhe wie beim Rechtsvorgänger fortgeführt werden. Es besteht kein Wahlrecht, um eine höhere AfA geltend machen zu können. Da die steuerlichen Vorschriften hier kompliziert sind und öfter geändert wurden, sollten Sie vor der erstmaligen steuerlichen Erfassung Ihrer Vermietungstätigkeit jedenfalls genaue Auskünfte zur aktuellen Rechtslage einholen.

Die jährliche AfA wird anhand eines Prozentsatzes ermittelt. Dieser beträgt generell 1,5 Prozent, was einer Nutzungsdauer von 66,6 Jahren entspricht. Wollen Sie wegen einer kürzeren Nutzungsdauer einen höheren AfA-Satz, müssen Sie ein Gutachten über die (voraussichtliche)

Einfache Rechnung

A kauft im Februar 2002 ein Einfamilienhaus mit Grundstück um 250.000 Euro, davon entfallen 100.000 Euro auf das Haus, die restlichen 150.000 Euro auf Grund und Boden. Er bewohnt das Haus zunächst selbst mit seiner Familie, ab August 2013 vermietet er es. Die fiktiven Anschaffungskosten für das Haus betragen zu diesem Zeitpunkt 130.000 Euro; von diesem Wert ist die AfA zu bemessen. Bei einem AfA-Satz von 1,5 Prozent ergibt sich eine Jahres-AfA von 1.950 Euro. Da die Vermietung erst in der zweiten Jahreshälfte beginnt, darf für 2013 nur die Halbjahres-AfA von 975 Euro angesetzt werden. Hätte A das Einfamilienhaus erst im Oktober 2002 (Stichtag 31.03.2002) gekauft, könnte er nur die tatsächlichen Anschaffungskosten des Gebäudes von 100.000 Euro als AfA-Bemessungsgrundlage heranziehen, die Halbjahres-AfA 2013 würde dann nur 750 Euro betragen.

Wie viel Sie für die Abnutzung absetzen können, richtet sich nach dem Zeitpunkt der Vermietung

Nutzungsdauer vorlegen. Während laufende Reparaturen immer sofort als Ausgabe geltend gemacht werden können, sind umfangreiche Baumaßnahmen für steuerliche Zwecke in drei Gruppen zu teilen: Instandhaltung, Instandsetzung und Herstellung.

Laufende Reparaturen können sofort als Ausgabe geltend gemacht werden

Instandhaltungsarbeiten. Darunter werden echte Reparaturarbeiten, die nicht jährlich anfallen und keine wesentliche Erhöhung des Nutz-

Instand gesetzt

Das Gebäude, in dem sich Ihre Eigentumswohnung befindet, wird 2018 saniert. Insbesondere wird ein Vollwärmeschutz aufgebracht, die Außenfenster und -türen werden getauscht. Es handelt sich steuerlich gesehen daher nicht um Erhaltungs-, sondern um Instandsetzungsaufwand (Zehntelabsetzung). Die Gesamtkosten betragen 450.000 Euro. Das Land gewährt eine Subvention von 90.000 Euro, sodass 360.000 Euro an tatsächlichen Kosten für das Haus bleiben. Der Anteil Ihrer Wohnung an den Hauskosten beträgt 5 Prozent (Annahme). Das ergibt 18.000 Euro. Ausgehend von diesem Betrag können Sie jetzt zehn Jahre lang je 1.800 Euro als Werbungskosten in Ihrer Steuererklärung geltend machen. Wird der Aufwand mit einem Kredit finanziert, so können Sie auch die Kreditzinsen als Werbungskosten geltend machen.

wertes bzw. keine wesentliche Verlängerung der Nutzungsdauer bewirken, verstanden. Diese können nach Wahl des Steuerpflichtigen im Jahr der Ausgabe oder auf zehn Jahre verteilt steuerlich geltend gemacht werden.

Instandsetzungsarbeiten. Das sind Arbeiten, die eine Erhöhung des Nutzwertes bzw. eine wesentliche Verlängerung der Nutzungsdauer bewirken. Dazu gehört z.B. eine thermische Sanierung des Gebäudes (Vollwärmeschutzfassade, Austausch der Außenfenster und -türen) oder der Austausch der Heizungsanlage. Diese Kosten sind zwingend auf 10 Jahre verteilt steuerlich geltend zu machen (Zehntelabsetzung).

Herstellungsarbeiten. Sie liegen dann vor, wenn etwas Neues geschaffen wird. Dazu gehören z.B. der Einbau eines Badezimmers oder die erstmalige Herstellung einer Etagenheizung. Derartige Kosten können grundsätzlich nur im Wege der AfA steuerlich berücksichtigt werden. Lediglich bei Wohnungen, die zur Gänze dem Mietrechtsgesetz unterliegen, kann von der Fünfzehntelabsetzung – Verteilung auf 15 Jahre – Gebrauch gemacht werden.

Umsatzsteuer

Wer vermietet, gilt für das Finanzamt als Unternehmer

Völlig anders als die Einkommensteuer ist das System der Umsatzsteuer (Mehrwertsteuer) konzipiert. Mit der Vermietung einer Wohnung oder eines Hauses werden Sie prinzipiell Unternehmer im Sinne des Umsatzsteuergesetzes. Nur wenn diese Tätigkeit auf Dauer gesehen keine Einnahmenüberschüsse erwarten lässt (Liebhaberei), liegt keine Unternehmereigenschaft vor.

Die Umsatzsteuer wird von den gesamten Einnahmen (Umsatz) berechnet und ist an das Finanzamt abzuführen. Im Wege der Gegenverrechnung kann der Unternehmer aber die von ihm z.B. an seine Lieferanten bezahlte Umsatzsteuer (Vorsteuer) in Abzug bringen.

Die Vermietung zu Wohnzwecken unterliegt dem begünstigten Steuersatz von 10 Prozent. Die Vermietung zu anderen Zwecken (Büro, Garage usw.) kann entweder steuerfrei (allerdings auch ohne Vorsteuerabzug) behandelt oder mit dem Normalsteuersatz von 20 Prozent (unter Wahrung des Vorsteuerabzuges) versteuert werden.

Im Umsatzsteuergesetz gibt es aber noch eine besondere Steuerbefreiung (ohne Vorsteuerabzug) für sogenannte Kleinunternehmer. Als Kleinunternehmer gilt ein Unternehmer, der im Inland seinen Wohnsitz hat und dessen gesamter Jahresumsatz den Betrag von 30.000 Euro nicht übersteigt. Innerhalb eines Zeitraumes von fünf Jahren darf diese Grenze auch einmal um 15 Prozent überschritten werden, ohne dass er diesen Status verliert. Zum Umsatz zählen nur jene Einnahmen, deren Steuerpflicht sich aus dem Umsatzsteuergesetz ergibt. Einkünfte aus unselbstständiger Tätigkeit (Gehalt, Lohn, Pension) oder aus Kapitalvermögen gehören nicht dazu! Damit werden im Regelfall alle Vermieter, die nur eine Wohnung oder ein Einfamilienhaus vermieten und daneben nicht unternehmerisch tätig sind, unter die Kleinunternehmerregelung fallen und sie brauchen die Umsatzsteuerverrechnung nicht durchzuführen.

Über Antrag an das Finanzamt kann der Kleinunternehmer auch in die Regelbesteuerung wechseln. Allerdings ist er daran zumindest fünf Jahre gebunden. Sinnvoll kann die Regelbesteuerung für Sie als Vermieter sein, wenn größere Reparatur- bzw. Instandsetzungsarbeiten notwendig sind, da Sie dann die an die Handwerker bzw. an die Eigentümergemeinschaft (bei einer Eigentumswohnung) bezahlte Vorsteuer vom Finanzamt zurückerhalten.

Als Kleinunternehmer können Sie auch in die Regelbesteuerung wechseln

Achtung. Als Kleinunternehmer dürfen Sie auf den Mietvorschreibungen keine Umsatzsteuer ausweisen. Tun Sie das dennoch, schulden Sie dem Finanzamt die Umsatzsteuer jedenfalls aufgrund der Rechnungslegung.

Weitere Informationen zur komplizierten Materie Steuern finden Sie auf der Homepage des Finanzministeriums unter https://www.bmf.gv.at/steuern/immobilien-grundstuecke/immobilien-und-grundstuecke.html

Die vermietete Altbaueigentumswohnung

Diese Wohnungen fallen in den Vollanwendungsbereich des Mietrechtsgesetzes (MRG). Entsprechend umfangreich und schwer überschaubar sind die Bestimmungen von der Mietzinsbildung bis zur Vertragsaufkündigung.

Voller Geltungsbereich des MRG

Bei diesen Wohnungen gilt das Mietrechtsgesetz zur Gänze. In den Vollanwendungsbereich des MRG fallen:

- Alle Eigentumswohnungen in Gebäuden, die aufgrund einer vor dem 8. Mai 1945 erteilten Baubewilligung errichtet worden sind (sogenannter Altbau). Davon ausgenommen sind Eigentumswohnungen in einem Altbau, die aufgrund einer nach dem 31. Dezember 2001 erteilten Baubewilligung durch den Ausbau eines Dachbodens oder einen Aufbau neu geschaffen worden sind. Diese fallen in den Teilanwendungsbereich des MRG. Ebenfalls ausgenommen sind Eigentumswohnungen, die durch einen Zubau zu einem Altbau aufgrund einer nach dem 30. September 2006 erteilten Baubewilligung neu errichtet worden sind. Auch diese fallen in den Teilanwendungsbereich des MRG.
- Alle Eigentumswohnungen in Gebäuden, die aufgrund einer nach dem 8. Mai 1945 erteilten Baubewilligung unter Zuhilfenahme von Förderungsmitteln nach dem Wohnhaus-Wiederaufbaugesetz oder nach dem Wohnbauförderungsgesetz 1968 wiederhergestellt bzw. neu errichtet worden sind. Dieser Sonderfall ergibt sich aus den Verweisen in den jeweiligen Förderungsvorschriften.

Der Sonderfall des Sonderfalles: Die ehemalige „Genossenschaftswohnung"

Eine Wohnung die ursprünglich von einer gemeinnützigen Bauvereinigung im eigenen Namen errichtet und vermietet worden ist, wird umgangssprachlich als „Genossenschaftswohnung" bezeichnet. Derartige Wohnungen werden von manchen Bauvereinigungen den Mietern zum Kauf als „Eigentumswohnung" angeboten. Erwirbt der ehemalige Mieter diese Eigentumswohnung und vermietet sie später selber, so fällt dieses Mietverhältnis nur in den Teilanwendungsbereich des MRG, wie eine Neubaueigentumswohnung. Dies unabhängig von der Verwendung von Wohnbauförderungsmitteln. (Näheres zum Teilanwendungsbereich ab ► Seite 122)

Benützung und Erhaltung

Mit der Anmietung einer Wohnung erwirbt der Mieter das Recht, in der Wohnung für die Dauer des Mietverhältnisses ohne Behinderungen wohnen zu können. Der Vermieter ist verpflichtet, dem Mieter diese Nutzungsmöglichkeit (den sogenannten bedungenen Gebrauch) zu verschaffen und ihn vor Störungen zu schützen (§ 1096 ABGB).

Zum Benützungsrecht an einer Wohnung gehört neben dem ungehinderten Zugang zur Wohnung auch die Mitbenützung von allgemeinen Teilen des Hauses (Waschküche, Trockenräume u.Ä.). Können derartige Anlagen nur unter Kostenbeteiligung benützt werden (etwa ein Aufzug), so bedarf es eines entsprechenden Hinweises im Mietvertrag.

Ein Mieter darf nicht nur die Wohnung benützen, sondern auch die allgemeinen Teile des Hauses

Der Umfang des Benützungsrechtes einer Wohnung und der Gemeinschaftsanlagen eines Hauses wird nicht nur im Gesetz, sondern meist auch in einer speziellen Hausordnung näher geregelt. Wichtig ist daher, dass Sie bei Vermietung Ihrer Eigentumswohnung auch die bestehende Hausordnung in den Mietvertrag aufnehmen bzw. auf diese verweisen.

Durch den Vertrag oder die Hausordnung darf aber keine schikanöse Einschränkung des Benützungsrechtes des Mieters erfolgen. Das Recht jedes Mieters, Besuche zu empfangen, kann durch Vereinbarung nicht ausgeschlossen werden. Eine Einschränkung wird im Einzelfall nur dann möglich sein, wenn Besucher z.B. unnötigen Lärm verursachen. Das Benützungsrecht eines Mieters ist aber auch ohne ausdrücklich vereinbarte Hausordnung dadurch beschränkt, dass andere Bewohner des Hauses nicht in ihren Rechten gestört werden dürfen (z.B. Nachtruhe – meist von 22 Uhr abends bis 6 Uhr früh).

Erhaltungspflichten

Die Erhaltungspflichten sind im Zusammenhang mit Übergabe und Rückstellung der Wohnung zu sehen. Bei Mietvertragsbeginn muss die Wohnung von Ihnen als Vermieter im vereinbarten Zustand übergeben werden. Soweit es sich nicht um eine Wohnung der Kategorie D-unbrauchbar handelt, muss die Wohnung bei Vertragsbeginn in brauchbarem Zustand (zur sofortigen Benützung geeignet) sein.

Während des Mietverhältnisses sind Sie als Vermieter jedenfalls zur Behebung sogenannter ernster Schäden im Wohnungsinneren verpflichtet (§ 3 MRG). Auch wesentliche Gesundheitsbeeinträchtigungen (z.B. Wasserleitungen aus Blei) können zu notwendigen Erhaltungsarbeiten des Vermieters im Wohnungsinneren führen.

Für die Behebung ernster Schäden sind Sie als Vermieter zuständig

Zu den ernsten Schäden, deren Behebung Ihnen als Vermieter obliegt, zählen z.B. folgende:

- Feuchtigkeitsschäden an Wänden, Decken oder Fußböden durch Wasserleitungsgebrechen im Mauerwerk oder schadhafte Dächer bzw. Regenrinnen
- Schäden an Zu- und Abflussleitungen im Mauerwerk
- Fußbodenschäden, die eine gänzliche Erneuerung erfordern
- Schäden am Kaminschacht, wenn Rauchgas austritt oder nicht mehr geheizt werden kann (Heizsperre)
- Schäden an Elektro-, Gas- und Wasserleitungen, wenn Feuer-, Explosions- oder Wasserschäden drohen
- Schimmelbildung, die in den Verputz bzw. das Mauerwerk eindringt und eine großflächige Verputzerneuerung notwendig macht

Die hier aufgezählten Schäden sind gleichzeitig solche, deren Behebung nach dem Wohnungseigentumsgesetz (WEG) die Eigentümergemeinschaft trifft.

Die Schadensbehebung umfasst immer sämtliche Arbeiten, die damit in ursächlichem Zusammenhang stehen (Verputzarbeiten, Schuttabfuhr, Wiederherstellung der Wandoberfläche usw.).

Selbstverständlich sind Sie als Wohnungseigentümer nicht allein für ein undichtes Dach oder einen kaputten Aufzug zuständig. Werden Ihnen aber derartige Schäden bekannt, müssen Sie diese dem Hausverwalter melden und auf die rasche Schadensbehebung drängen. Ihrem Mieter gegenüber sind Sie als Vermieter nämlich dafür verantwortlich, dass Schäden an allgemeinen Teilen und Einrichtungen der Liegenschaft (dazu gehören Stiegenhaus, Fassade samt Außenfenstern, Dächer, Steigleitungen für Wasser, Strom, Gas, Entsorgungsleitungen, Aufzug, Waschküche etc.) behoben werden.

Seit Inkrafttreten der Wohnrechtsnovelle 2015 fallen auch Arbeiten, die zur Erhaltung von mitvermieteten Heizthermen, Warmwasserboilern oder sonstigen mitvermieteten Wärmebereitungsgeräten erforderlich sind, in die gesetzliche Erhaltungspflicht des Vermieters. Demnach sind also Sie als Vermieter verpflichtet, ein solches bei Anmietung vorhandenes Gerät auf Ihre Kosten zu reparieren bzw. zu erneuern, falls es durch gewöhnliche Abnutzung (ohne Verschulden Ihres Mieters) defekt geworden ist. Anderslautende Vertragsklauseln sind unwirksam. Diese Regelung gilt auch für Mietverträge, die vor 1.1.2015 abgeschlossen wurden. Ist jetzt eine Reparatur am Gerät notwendig, sind Sie als Vermieter zur Behebung verpflichtet. Nur Sachverhalte, die bereits vor dem 1.1.2015 abgeschlossen waren, werden von der Neuregelung nicht erfasst. Das bedeutet, dass Ihr Mieter Ihnen gegenüber keinen Anspruch auf Kostenersatz für „notwendigen Aufwand" (▶ Seite 72) hat, wenn er eine Heiztherme bereits früher auf eigene Kosten repariert oder erneuert hatte.

Für die Wartung solcher Geräte (Heiztherme etc.) ist weiterhin der Mieter zuständig. Ihr Mieter hat die Wohnung samt den zugehörigen Einrichtungen – im Besonderen Gas-, Wasser-, Lichtleitungen – so zu warten und instand zu halten, dass Ihnen als Vermieter oder anderen Mietern daraus kein Nachteil erwächst (§ 8 MRG). Von Gerichten ist diese Verpflichtung des Mieters bisher stets einschränkend ausgelegt worden. Ein Mieter hat z.B. darauf zu achten, dass die Wasserleitung im Winter nicht einfriert, Silikonfugen im Bad dicht bleiben etc. Treten sogenannte ernste Schäden auf, ist ein Mieter verpflichtet, Sie als Vermieter umgehend zu verständigen. Unterlässt er diese Meldung, kann er unter Umständen zum Schadenersatz herangezogen werden. Ihr Mieter haftet Ihnen als Vermieter gegenüber weiters für Schäden, die von ihm bzw. seinen Mitbewohnern oder Besuchern schuldhaft verursacht worden sind.

Treten ernste Schäden auf, hat Ihr Mieter Sie zu verständigen

Bei den Erhaltungspflichten des Vermieters handelt es sich um sogenanntes „zwingendes Recht", das vertraglich keinesfalls zulasten eines Mieters abgeändert werden kann.

Zwischen den gesetzlichen Pflichten des Vermieters (§ 3 MRG) und jenen des Mieters (§ 8 MRG) besteht im Mietrechtsgesetz ein ungeregelter Bereich, der z.B. mitvermietetes Inventar betrifft. Nach den gesetz-

Kaputte Therme

Eine Altbaueigentumswohnung der Ausstattungskategorie B wurde 2010 für 15 Jahre befristet vermietet. Knapp nach Anmietung hat der Mieter den bei Anmietung vorhandenen Einzelofen mit Zustimmung seiner Vermieterin und auf eigene Kosten durch eine Heizanlage mit einer Kombitherme ersetzt. Wird nun im Jahr 2019 eine Reparatur an der Heiztherme erforderlich, fällt diese trotz der Wohnrechtsnovelle 2015 nicht in die Erhaltungspflicht der Vermieterin, weil es sich nicht um ein „mitvermietetes" Beheizungsgerät handelt.

lichen Regelungen ist in diesem Bereich weder der Vermieter noch der Mieter zu Reparaturen bzw. Erneuerungen verpflichtet. Der Mieter haftet Ihnen für schuldhaft verursachte Schäden. Ansonsten kann kein Vertragspartner die Vornahme einer Reparatur bzw. Erneuerung durch den anderen Vertragspartner erzwingen. Bei wesentlichen Beeinträchtigungen der Mietrechte kommen für den Mieter allerdings Mietzinsminderungsansprüche in Betracht.

In der Vergangenheit war es oft Praxis, diesen „ungeregelten Bereich" durch vertragliche Regelungen zulasten der Mieter auszufüllen. Seit mit der Wohnrechtsnovelle 2015 mitvermietete Geräte zur Beheizung bzw. Warmwasseraufbereitung aus der rechtlichen Pattstellung in die gesetzliche Erhaltungspflicht des Vermieters überführt wurden, betrifft dieser ungeregelte Bereich nun im Wesentlichen Geräte wie z.B. Kochherd oder Waschmaschine, wenn diese vom Vermieter bereitgestellt wurden.

Nach wie vor finden sich in vielen Mietverträgen Klauseln, wonach der Mieter in diesem Bereich zu Reparaturen oder Erneuerungen verpflichtet sein soll. Vom Obersten Gerichtshof wurde inzwischen aber klar ausgesprochen, dass – zumindest bei Formularmietverträgen – eine vertragliche Ausdehnung der Mieterpflichten über § 8 MRG hinaus nicht zulässig (weil „gröblich benachteiligend" i.S. des § 879 Abs. 3 ABGB) ist, außer die vertragliche Gestaltung sieht an anderer Stelle eine ausgleichende Begünstigung des Mieters vor. Entscheidend ist bei solchen Klauseln also immer das Gesamtbild. Der ungeregelte Bereich zwischen § 3 MRG und § 8 MRG soll nicht einseitig zum Nachteil des „schwächeren" Vertragspartners vertraglich ausgefüllt werden.

Das Verbot der gröblichen Benachteiligung gilt jedenfalls für Formularmietverträge. Das sind nicht nur Vertragsvordrucke, die massenweise in Verwendung stehen, sondern auch Computermietverträge, wenn ihre Verwendung für mehr als bloß eine Vermietung beabsichtigt ist (auch wenn sie im Einzelfall bei den Vermietungen individualisiert werden). Nach dem Obersten Gerichtshof können vom Verbot der gröblichen Benachteiligung sogar Individualverträge (der Vertragstext wird extra für eine einzige Vermietung erstellt) erfasst sein. Dies allerdings nur, wenn ein typischerweise überlegener Vertragspartner einem typischerweise unterlegenen Vertragspartner gegenübersteht.

Veränderungen durch den Mieter

Wesentliche Veränderungen in der Wohnung durch den Mieter bedürfen der Zustimmung des Vermieters. Dies ergibt sich aus dem Grundsatz, dass eine Wohnung in dem Zustand zurückzustellen ist, in dem sie übernommen wurde.

Bei folgenden Veränderungen dürfen Sie als Vermieter Ihre Zustimmung nicht verweigern:

Geringfügige Veränderungen müssen Sie hinnehmen

- bei geringfügigen Maßnahmen wie z.B. Verfliesungen, Einbaumöbeln, einfachen Holztrennwänden;
- für alle Arbeiten, die mit der Erhaltungspflicht des Mieters zusammenhängen. Ebenso für Arbeiten, die der Mieter (anstelle des Vermieters) zur Brauchbarmachung der Wohnung durchführen lässt.

Ihrem Mieter nicht verweigern dürfen Sie auch Verbesserungen, die die folgenden Voraussetzungen erfüllen (§ 9 MRG):

- Sie entsprechen dem Stand der Technik und werden einwandfrei ausgeführt.
- Sie beeinträchtigen nicht die Rechte anderer Mieter bzw. des Vermieters und führen zu keiner Schädigung des Hauses bzw. Gefährdung von Personen und Sachen.

- Sie stellen keine Beeinträchtigung des äußeren Erscheinungsbildes des Hauses dar.
- Sie dienen wichtigen Interessen des Mieters, sind verkehrsüblich und werden vom Mieter bezahlt.

Verkehrsüblich sind Veränderungen gemäß § 9 Abs. 2 MRG dann, wenn sie

- mit öffentlichen Mitteln gefördert werden;
- die Errichtung (Umgestaltung) der Wasser- und Energieleitungen oder der sanitären Anlagen betreffen;
- energiesparende Maßnahmen darstellen;
- der Einleitung eines Telefonanschlusses oder der Anbringung von Antennen für den Rundfunk- und Fernsehempfang, sofern der Anschluss an eine bestehende Einrichtung nicht möglich oder nicht zumutbar ist, dienen.

Wird eine dieser Voraussetzungen erfüllt, so können Sie als Vermieter Ihre Zustimmung auch nicht von der Wiederherstellung des ursprünglichen Zustandes bei Wohnungsrückgabe abhängig machen. Für diese Veränderungen steht übrigens der zwingende Investitionskostenersatz gem. § 10 MRG zu (► Seite 117). Ihr Mieter hat Ihnen die geplanten Veränderungen unter Vorlage von Skizzen bzw. einer Beschreibung der geplanten Änderungen mitzuteilen. Die Zustimmung gilt als erteilt, wenn Sie als Vermieter nicht innerhalb von zwei Monaten das Vorhaben ablehnen (§ 9 Abs. 1 MRG). Verweigern Sie Ihre Zustimmung, kann Ihr Mieter im Außerstreitverfahren einen Antrag auf Duldungsverpflichtung einbringen.

Mitunter ist eine Genehmigung der Baubehörde erforderlich

Beachten Sie auch, dass für bauliche Änderungen innerhalb der Wohnung oft auch eine Genehmigung der Baubehörde erforderlich ist. Diese Verpflichtung ergibt sich aus den Bauordnungen der einzelnen Bundesländer. Achten Sie daher darauf, dass bauliche Änderungen von Ihrem Mieter auch bei der Baubehörde entsprechend angezeigt werden.

Zahlungen bei Vertragsabschluss

Zahlungen, die der Mieter bei Mietvertragsabschluss leisten muss, stehen hier im Vollanwendungsbereich des Mietrechtsgesetzes unter besonderer Beachtung. Über die gesetzlich erlaubten Beträge hinausgehende Zahlungen können vom Mieter binnen zehn Jahren (besondere Verjährungsfrist gemäß § 27 MRG) im wohnrechtlichen Außerstreitverfahren zurückgefordert werden. Dabei spielt es keine Rolle, ob diese Zahlungen an den Vermieter, an den Vormieter oder an einen Dritten geleistet worden sind.

Zu den zulässigen Beträgen, die Sie als Vermieter verlangen dürfen, zählen die Kaution und eine Mietzinsvorauszahlung für einen bestimmten Zeitraum. Einen Spezialfall stellen die Investitionsablösen dar. Muss der Vermieter dem Vormieter einen Investitionskostenersatz nach § 10 MRG (► Seite 117) leisten, kann er diesen auf den Nachmieter überwälzen. Bei der Mietzinsbildung des neuen Mietvertrages dürfen diese überwälzten Investitionen dann aber nicht mehr berücksichtigt werden. Ein Aufwandersatz nach ABGB (► Seite 72) darf nicht auf den Nachmieter überwälzt werden.

Im Verhältnis Vormieter zu Nachmieter kann dagegen eine Ablöse, der eine gleichwertige Gegenleistung gegenübersteht, vereinbart werden. Hier ist primär auf den aktuellen Zeitwert der vom Vormieter durchgeführten Investitionen bzw. angeschafften Einrichtungsgegenstände, die jetzt dem Nachmieter zugute kommen, abzustellen.

Mietzins

Für die Überlassung einer Wohnung im Rahmen eines Mietverhältnisses ist der vereinbarte Mietzins zu bezahlen. Werden keine besonderen Zahlungsmodalitäten vereinbart, muss das Geld am Fünften des Monats beim Vermieter eingelangt sein. Die komplizierte Mietzinsbildung ist primär im MRG geregelt. Daneben enthalten noch fast alle Wohnbauförderungsgesetze eigene Mietzinsvorschriften, die jeweils als Spezialnorm Vorrang genießen.

Der Mietzins besteht aus

- dem Hauptmietzins,
- dem Anteil an den Betriebskosten,
- dem Anteil an besonderen Aufwendungen wie z.B. einem Aufzug als Gemeinschaftsanlage,
- dem angemessenen Entgelt für mitvermietete Einrichtungsgegenstände und sonstige Leistungen.

Weiters darf der Vermieter die auf den Mietzins entfallende Umsatzsteuer verrechnen, wenn er selbst umsatzsteuerpflichtig ist. Diese beträgt bei Wohnräumen im Regelfall 10 Prozent. Nur für Wärme- oder Energielieferungen und Mieten eines Kfz-Abstellplatzes oder einer Garage beträgt die Umsatzsteuer 20 Prozent. (Näheres zur Umsatzsteuer ► Seite 78)

Das System der Hauptmietzinsbildung bei Neuvermietungen gliedert sich im MRG in drei Gruppen:

- den angemessenen Hauptmietzins,
- den Richtwerthauptmietzins und
- den Kategoriehauptmietzins.

Als Sonderfall ist der wegen Erhaltungsarbeiten zeitlich befristete erhöhte Hauptmietzins zu nennen.

Bei geförderten Wohnungen gelten besondere Zinsbildungsvorschriften

Wurde eine Wohnung mit Förderungsmitteln errichtet oder saniert, sehen die Wohnbauförderungsbestimmungen meistens besondere Mietzinsregeln vor. Ebenso für den Fall, dass die Förderungsmittel vorzeitig zurückbezahlt worden sind. Bei einer begünstigten vorzeitigen Rückzahlung von Wohnhauswiederaufbaufondsmitteln (bis 31. Dezember 1982) gelten bei Neuvermietungen keine Mietzinsbegrenzungen. Hier darf ein sogenannter freier Hauptmietzins, wie sonst nur außerhalb des Vollanwendungsbereiches des MRG, verlangt werden.

Das MRG ist als Schutzgesetz konzipiert, da der Mieter bzw. Wohnungssuchende unter dem wirtschaftlichen Druck steht, „alles unterschreiben" zu müssen, um eine Wohnung zu bekommen. Deshalb führt eine Überschreitung der jeweiligen Zinsobergrenzen bei Vertragsabschluss regelmäßig nur zu einer Teilnichtigkeit dieser vertraglichen

Welche Zinsbildung für welche Wohnung?

In der folgenden Übersicht wird für Wohnungen der einzelnen Ausstattungskategorien die am häufigsten anzuwendende Zinsbildungsart dargestellt. Bei allen diesen Beispielen sind aber auch Ausnahmen möglich. Das heißt, dass eine andere Zinsbildungsart zur Anwendung gelangen kann.

Eigentumswohnung im Altbau (vor 1945)	**häufigste Zinsbildung**
Ausstattungskategorie A bis 130 m²	Richtwerthauptmietzins
Ausstattungskategorie A größer als 130 m²	angemessener Hauptmietzins
Ausstattungskategorie B bis 130 m²	Richtwerthauptmietzins
Ausstattungskategorie B größer als 130 m²	angemessener Hauptmietzins
Ausstattungskategorie C	Richtwerthauptmietzins
Ausstattungskategorie D	Kategoriehauptmietzins
Neuschaffung der Eigentumswohnung nach 1945 und Vollanwendungsbereich MRG	angemessener Hauptmietzins
Achtung: Förderungsbestimmungen!	

Bestimmung. Die übrigen Vereinbarungen des Mietvertrages bleiben dagegen aufrecht.

Grundlage für die Mietzinsbildung bei Richtwert-, Kategorie- und angemessenem Hauptmietzins ist die Kategorieeinstufung einer Wohnung. Sie ist anhand von Ausstattung und Wohnungszustand zum Zeitpunkt des Mietvertragsabschlusses vorzunehmen. Verpflichten Sie sich als Vermieter, vor Wohnungsübergabe noch Arbeiten in der Wohnung durchzuführen, z.B. Einbau einer Gasetagenheizung, und führen Sie diese tatsächlich durch, so ist dieser Ausstattungszustand der Kategorieeinstufung zugrunde zu legen.

Hat hingegen Ihr Neumieter dem Vormieter einen berechtigten Investitionskostenersatz für standardanhebende Maßnahmen gemäß § 10 MRG geleistet, dann gilt für die Mietzinshöhe jene Ausstattungskategorie, die vor den Aufwendungen des Vormieters gegeben war. Die Kategorieeinstufung bleibt auch dann unberührt, wenn in der Wohnung während eines aufrechten Mietverhältnisses Veränderungen vorgenommen werden und keine neue Zinsvereinbarung getroffen wird.

Kategorieeinstufung und -merkmale

Für jede Ausstattungskategorie sind bestimmte Mindesterfordernisse vorgeschrieben

Um eine Wohnung in eine der vier Ausstattungskategorien einstufen zu können, müssen die folgenden Mindesterfordernisse erfüllt sein (§ 15 a MRG):

Kategorie A. Die Wohnung muss sich in brauchbarem Zustand befinden und mindestens 30 Quadratmeter Nutzfläche aufweisen. Die Wohnung muss weiters über Zimmer, Küche oder Kochnische, Vorraum, WC, Baderaum oder -nische sowie Warmwasseraufbereitung für Bad und Küche, Zentral- oder Etagenheizung verfügen.

Kategorie B. Die Wohnung muss in brauchbarem Zustand sein und über Zimmer, Küche oder Kochnische, Vorraum, WC, Baderaum oder -nische verfügen.

Kategorie C. Die Wohnung muss in brauchbarem Zustand sein und über eine Wasserentnahmestelle und ein WC verfügen.

Kategorie D. Wohnungen, in denen eine Wasserentnahmestelle oder ein WC bzw. beides fehlt. Weiters alle Wohnungen, die bei Mietbeginn unbrauchbar waren und vom Vermieter nicht instandgesetzt wurden.

Kategorieausgleich

Nicht jedes Ausstattungsmerkmal kann durch ein anderes ersetzt werden

Ein fehlendes Ausstattungsmerkmal kann durch ein oder mehrere Ausstattungsmerkmale einer höheren Kategorie ausgeglichen werden. So ersetzt z.B. eine Etagenheizung einen fehlenden Vorraum für die Kategorie B. Eine fehlende Badegelegenheit kann jedoch nicht ersetzt werden. Und so sehen die Kategoriemerkmale im Einzelnen aus:

Baderaum oder -nische. Ist die Badegelegenheit (Bad oder Dusche) nicht in einem eigenen Raum installiert, so muss der Badeteil so abgetrennt sein, dass beide Raumteile für sich ohne wesentliche Beeinträchtigung benutzbar sind. Das Bad muss dem zeitgemäßen Standard (Bau- und Förderungsvorschriften) entsprechen.

Küche oder Kochnische. Es muss zumindest eine Koch- und eine Spülgelegenheit vorhanden sein. Zur genaueren Bestimmung sind auch hier die jeweils gültigen Bau- und Förderungsvorschriften heranzuziehen.

Zentral- oder Etagenheizung. Das ist eine fest eingebaute Heizung mit automatischer Energielieferung, die keiner ständigen Bedienung bedarf. Damit scheiden alle Beheizungsmöglichkeiten aus, die händisch befüllt oder entleert werden müssen. Mit der Heizung müssen alle Aufenthaltsräume der Wohnung, einschließlich der Küche, beheizbar sein.

Brauchbarkeit eines Ausstattungsmerkmales – Rügepflicht des Mieters

Ist ein Ausstattungsmerkmal zum maßgeblichen Zeitpunkt (Mietvertragsbeginn) zwar vorhanden, aber nicht funktionsfähig, so ist der Mieter zur Mängelanzeige verpflichtet, damit Sie als Vermieter den Mangel innerhalb angemessener Frist beheben können. Dasselbe gilt für Unbrauchbarkeit der Wohnung an sich, wie etwa das Fehlen des zeitgemäßen Standards der Badegelegenheit (z.B. fehlende Entlüftungsmöglichkeit).

Auch in diesen Fällen haben Sie die Möglichkeit, den Mangel binnen angemessener Frist – längstens jedoch binnen drei Monaten – ab der Anzeige zu beheben, um einer drohenden Kategorieherabstufung samt Anpassung des Hauptmietzinses zu entgehen.

Unterlassen Sie trotz Verständigung die Schadensbehebung, gilt das Merkmal als fehlend und damit die niedrigere Kategorie. Dies unabhängig davon, ob Ihr Mieter später selbst eine Reparatur bzw. Mängelbehebung vornimmt. Um den Hauptmietzins der niedrigeren Ausstattungskategorie anzupassen, muss der Mieter aber fristgerecht ein Zinsüberprüfungsverfahren einleiten (► Seite 102).

Auf Nummer sicher

Überprüfen Sie den Zustand der Wohnung und der Einrichtungen in der Wohnung vor der Vermietung bzw. der Wohnungsübergabe. Sind Sie hinsichtlich der technischen Anlagen unsicher, lassen Sie die Strom- und Gasanlage bzw. die angeschlossenen Geräte von einem Elektriker bzw. Installateur überprüfen. Sind tatsächlich Instandsetzungsarbeiten erforderlich, können diese in einer leeren Wohnung viel einfacher durchgeführt werden als nach der Vermietung.
Hinweis: Die Bestimmungen der Elektrotechnikverordnung sehen vor, dass Sie dem Mieter bei Vertragsabschluss eine Dokumentation über den Zustand der elektrischen Anlage der Wohnung übergeben müssen.

Ist ein Kategoriemerkmal gar nicht vorhanden, muss Ihr Mieter nicht rügen

Nimmt Ihr Mieter die Mängelbehebung hingegen ohne vorherige Anzeige selbst vor, so bleibt es bei der höheren Kategorieeinstufung. Keiner Mängelrüge in diesem Sinne bedarf es hingegen, wenn ein Kategoriemerkmal überhaupt fehlt (z.B. fehlende Kochgelegenheit). In diesem Fall kann Ihr Mieter wählen, ob er Sie als Vermieter zur Herstellung des vertraglich vereinbarten (brauchbaren) Zustandes auffordert

Der Mieter kann die Behebung dieses Mangels jedenfalls vom Vermieter fordern, da die Wohnung in brauchbarem Zustand mit ortsüblichen (ungefährlichen) Energieanschlüssen zu übergeben ist, wenn nichts anderes ausdrücklich vereinbart wurde.

Die Unbrauchbarkeit der Wohnung kann jedoch auch zur dauerhaften Einstufung der Wohnung in die Kategorie D führen, wenn der Vermieter trotz Mängelanzeige durch den Mieter die notwendigen Arbeiten nicht durchführen lässt. Die Arbeiten sind binnen angemessener Frist abzuschließen, längstens jedoch binnen drei Monaten.

Der Richtwerthauptmietzins

Die gesetzlichen Bestimmungen sehen bei Neuvermietungen für Wohnungen der Kategorien A, B und C den sogenannten Richtwerthauptmietzins gemäß § 16 Abs. 2 bis 4 MRG als Regelfall vor. (Zu den Ausnahmen von dieser Zinsbildungsvorschrift, z.B. angemessener Hauptmietzins,

► Seite 100.) Der Richtwerthauptmietzins für eine bestimmte Wohnung ist nicht ziffernmäßig festgelegt, sondern wird ausgehend von einem je Bundesland ermittelten Richtwert berechnet. Zu diesem Richtwert kommen im Einzelfall Zu- oder Abschläge. Daraus ergibt sich dann der höchstzulässige Hauptmietzins für eine Wohnung.

Für jedes Bundesland gelten eigene Richtwerte

Richtwert für mietrechtliche Normwohnung

Eine mietrechtliche Normwohnung ist eine Wohnung

- der Ausstattungskategorie A
- mit einer Nutzfläche zwischen 30 und 130 Quadratmetern
- in einem Gebäude mit ordnungsgemäßem Erhaltungszustand
- auf einer Liegenschaft mit durchschnittlicher Lage (Wohnumgebung)

Für eine derartige Normwohnung wird auf Grundlage der Herstellungskosten für geförderte Neubauwohnungen vom Bundesminister für Justiz ein Richtwert je Bundesland festgesetzt. Die gesetzlichen Bestimmungen dafür sind in einem eigenen Bundesgesetz, dem Richtwertgesetz (RichtWG), enthalten.

Entwicklung der Richtwerte in den letzten Jahren

Wirksam ab	01.04.2012	01.04.2014	01.04.2017
Burgenland	4,70	4,92	5,09
Kärnten	6,03	6,31	6,53
Niederösterreich	5,29	5,53	5,72
Oberösterreich	5,58	5,84	6,05
Salzburg	7,12	7,45	7,71
Steiermark	7,11	7,44	7,70
Tirol	6,29	6,58	6,81
Vorarlberg	7,92	8,28	8,57
Wien	5,16	5,39	5,58

Werte gelten pro Quadratmeter und Monat in Euro; nächste Anpassung 2019

Richtwerte werden im Zwei-Jahres-Rhythmus angepasst

Der Richtwert wird nach Anhörung eines Beirates kundgemacht und stellt betragsmäßig den Hauptmietzins je Quadratmeter Nutzfläche und Monat für die mietrechtliche Normwohnung dar. Mit der Kundmachung dieses Betrages müssen auch die bei der Ermittlung berücksichtigten Anteile für die Grund- und Baukosten sowie die Kosten für die Gemeinschaftseinrichtungen gesondert ausgewiesen werden. Diese Richtwerte werden entsprechend der Veränderung des Verbraucherpreisindex angepasst, und zwar im Regelfall zum 1. April jedes zweiten Jahres. Die nächste Anpassung erfolgt im Jahr 2019.

Ermittlung des Richtwerthauptmietzinses

Die Ausstattung und Lage Ihrer Wohnung müssen Sie zunächst mit jener der mietrechtlichen Normwohnung vergleichen. Ergeben sich bei diesem Vergleich Abweichungen von der mietrechtlichen Normwohnung, sind entsprechende Zuschläge zum oder Abschläge vom Richtwert vorzunehmen (§ 16 Abs. 2 bis 4 MRG). Bei Ermittlung der Höhe der Zu- und Abschläge haben Sie von der allgemeinen Verkehrsauffassung und der Erfahrung des täglichen Lebens auszugehen. Für die Summe der jeweiligen Zuschläge zum oder Abschläge vom Richtwert ist keine Höchstgrenze vorgesehen. Folgende Kriterien müssen Sie bei dieser Bewertung berücksichtigen:

Hauptmietzins für Kategorie D

Für Wohnungen der Ausstattungskategorie D dürfen Sie bei Neuvermietung derzeit einen Hauptmietzins von 0,90 Euro pro Quadratmeter Nutzfläche verlangen. Handelt es sich jedoch um eine brauchbare Wohnung der Kategorie D, so darf als Hauptmietzins ein Höchstbetrag von 1,80 Euro pro Quadratmeter Nutzfläche vereinbart werden. Machen Sie als Vermieter von dieser Möglichkeit Gebrauch, entfällt für Sie die Möglichkeit, von Ihrem Mieter einen wegen Sanierungsarbeiten erhöhten Hauptmietzins einzuheben. (Die genannten Kategoriebeträge werden in Fünfprozentschritten valorisiert und vom Justizministerium durch Verordnung kundgemacht.)

Ausstattungskategorie. Bei Wohnungen der Kategorien B und C sind für das fehlende Bad bzw. die fehlende Etagenheizung entsprechende Abschläge vorzunehmen. Deren Höhe orientiert sich am Wertverhältnis zwischen dem Richtwert und der Mietzinshöhe für Kategorie-D-Wohnungen. Beispiel: 50 Prozent Abschlag vom Richtwert für die Kategorie C und 25 Prozent Abschlag vom Richtwert für die Kategorie B.

Sonstige Wohnungsausstattung und Wohnungszubehör. Auch die bessere bzw. schlechtere Ausstattung oder Grundrissgestaltung einer Wohnung im Vergleich zu anderen Wohnungen derselben Kategorie müssen Sie bewerten. Das ist etwa ein Badezimmer mit Badewanne und zusätzlich einer Dusche bei Wohnungen der Kategorie B. Bei der Zuschlagsermittlung gehen Sie von den Herstellungskosten des zusätzlichen Merkmales aus. Ebenso zu berücksichtigen sind zur Wohnung gehörende Balkone oder Terrassen, Keller- oder Dachbodenräume, die Möglichkeit zur Gartenbenützung u. Ä.

Lage der Wohnung im Haus. In welchem Stockwerk liegt die Wohnung? Ist sie straßen- oder hofseitig orientiert, hat sie Nord- oder Südlage?

Erhaltungszustand des Hauses. Bei Ermittlung des Richtwertes wird von einem ordnungsgemäßen Erhaltungszustand des Hauses ausgegangen (§ 2 Abs. 2 RichtWG). Dieser Erhaltungszustand liegt nicht vor, wenn dringende Erhaltungsarbeiten am Haus (Versorgungsleitungen, Baugebrechen) anstehen. Ist das der Fall, so müssen Sie Abschläge vom Richtwert vornehmen.

Lagezuschlag ermitteln

Vom Verkehrswert der Liegenschaft wird ein Grundkostenanteil von 360 Euro je Quadratmeter Wohnnutzfläche ermittelt. Im Richtwert wurde ein Grundkostenanteil von 130 Euro je Quadratmeter Wohnnutzfläche berücksichtigt. Die Differenz beträgt daher 230 Euro. Der höchstzulässige Lagezuschlag zum Richtwert beträgt in diesem Fall 0,76 Euro je Quadratmeter Wohnnutzfläche und Monat (0,33 Prozent von 230 Euro).

Richtwerthauptmietzins berechnen

Eine Wohnung der Ausstattungskategorie C bestehend aus Zimmer, Vorraum und Gangküche, Nutzfläche 42,18 Quadratmeter. Zusätzlich zu den Mindesterfordernissen – Wasser und WC im Wohnungsverband – verfügt sie über eine Duschecke in der Küche, Gasherd und Abwasch mit Warmwasser. Ein Kellerabteil ist mitvermietet. Im Haus gibt es eine Waschküche, der Hofgarten kann zum Wäschetrocknen benützt werden. Anmietung: 1. Mai 2018.

Ausgangsbasis: Normwohnung Kat. A	5,58 €/m²
Ermittlung der Abschläge	
Kategorie C	50,0 %
Erhaltungszustand	5,0 %
straßenseitiger Wohnraum (Lärm)	4,0 %
Gangküche	2,0 %
WC-Entlüftung mangelhaft	2,0 %
Summe	**63,0 %**
Umrechnung auf Geldbetrag	
63,0 % von 5,58 €	– 3,52 €/m²
Ermittlung der Zuschläge	
gemauerte Dusche mit Anschlüssen	7,0 %
Gasherd und Abwasch mit Anschlüssen	6,0 %
Vorraum	2,5 %
Waschküche	2,0 %
Hofgarten	1,0 %
Summe	**18,5 %**
Umrechnung auf Geldbetrag	
18,5% von 5,58 €	+1,03 €/m²
Richtwertmietzins	**3,09 €/m²**

Für die hier beschriebene Wohnung beträgt der monatliche Richtwerthauptmietzins daher 130,34 € (42,18 m² x 3,09 €/m²). Lagezuschlag war keiner anzusetzen, weil das Haus in einem Gründerzeitviertel liegt. Gibt es einen befristeten Mietvertrag, so beträgt der zulässige Hauptmietzins 97,75 € (130,34 € minus 25 %).

Gemeinschaftseinrichtungen im Haus. Verfügt das Haus über Gemeinschaftseinrichtungen (Garagen, Aufzugsanlagen, Hauszentralheizung, Gemeinschaftsräume), so können Sie diese als werterhöhende Zuschläge berücksichtigen. Die Zuschlagsberechnung erfolgt anhand der Neubaukosten für derartige Einrichtungen, die gemeinsam mit dem Richtwert kundgemacht werden.

Gemeinschaftseinrichtungen als werterhöhende Zuschläge

Lage (Wohnumgebung) des Hauses. Bei der Richtwertermittlung wird von einer durchschnittlichen Lage des Hauses ausgegangen. Diese ist ebenfalls nach der allgemeinen Verkehrsauffassung zu beurteilen. In den gesetzlichen Bestimmungen (§ 2 Abs. 3 RichtWG) wird nur ein einziges Lagekriterium ausdrücklich definiert: Die Lage eines Hauses in einem typischen Gründerzeitviertel ist höchstens als durchschnittlich einzustufen. Hier ist daher kein Lagezuschlag, sondern nur ein Abschlag vom Richtwert zulässig. Unter Gründerzeitviertel wird ein Gebiet verstanden, dessen überwiegender Gebäudebestand in den Jahren 1870 bis 1917 errichtet wurde und ursprünglich kleine, mangelhafte Wohnungen aufwies.

Die Ermittlung eines Zu- oder Abschlags für die Lage des Hauses nehmen Sie anhand der Grundkosten vor. Ausgehend vom Verkehrswert der Liegenschaft wird der Grundkostenanteil je Quadratmeter Nutzfläche errechnet. Stellen Sie diesen Betrag dem Grundkostenanteil aus der Richtwertermittlung gegenüber. Der Zuschlag oder Abschlag für die Lage des Hauses beträgt nunmehr 0,33 Prozent der Differenz der beiden Grundkostenanteile.

Die Berücksichtigung eines Lagezuschlages bei der Hauptmietzinsermittlung setzt weiters voraus, dass Sie die dafür maßgebenden Umstände Ihrem Mieter schriftlich bekannt geben werden. Spätester Zeitpunkt dafür ist das Zustandekommen des Mietvertrages. Eine Übersicht über die Höhe des Lagezuschlages, aber auch der Höhe der verschiedenen sonstigen Zu- und Abschläge für Wien finden Sie im Internet unter www.wien.gv.at/richtwert/berechnung.

Angemessener Hauptmietzins

Basis für die Ermittlung des Hauptmietzinses sind Angemessenheit und Ortsüblichkeit

Der angemessene Hauptmietzins ist ziffernmäßig nicht festgelegt (§ 16 Abs. 1 MRG). Es handelt sich dabei um den für die Wohnung nach Größe, Art, Beschaffenheit, Lage, Ausstattungs- und Erhaltungszustand angemessenen Betrag, bei dessen Ermittlung die ortsüblichen Mietzinse vergleichbarer Wohnungen herangezogen werden. Ein angemessener Hauptmietzins ist für Wohnungen aller Kategorien im Vollanwendungsbereich des MRG zulässig, wenn eine der folgenden Ausnahmen zutrifft:

Geschäftszwecke. Wird ein Mietgegenstand nur für Geschäftszwecke oder für Wohn- und Geschäftszwecke vermietet und überwiegen vereinbarungsgemäß die Geschäfts-(Büro-)Zwecke, so gilt der angemessene Hauptmietzins.

Neubau. Die Eigentumswohnung liegt in einem Gebäude, für das die Baubewilligung nach dem 8. Mai 1945 erteilt worden ist und dessen Errichtung mit Mitteln des Wohnhaus-Wiederaufbaufonds oder des Wohnbauförderungsgesetzes 1968 gefördert wurde. Die Eigentumswohnung selbst wurde nach dem 8. Mai 1945 durch einen Um-, Auf-, Ein- oder Zubau neu geschaffen. Dies gilt insbesondere für die Neuschaffung von Wohnungen durch Dachgeschossausbauten aufgrund einer Baubewilligung vor dem 1. Jänner 2002. Für später bewilligte Dachgeschoßausbauten sind die Mietzinsbildungsvorschriften des MRG nicht anzuwenden. Erfolgte die Neuschaffung der Wohnung mit Förderungsmitteln, so gelten die förderungsrechtlichen Mietzinsvorschriften.

Denkmalschutz. Die Wohnung liegt in einem denkmalgeschützten Gebäude, und Sie als Vermieter haben zur Erhaltung dieses Hauses nach dem 8. Mai 1945 erhebliche Eigenmittel (neben den Mietzinseinnahmen und öffentlichen Zuschüssen) aufgewendet.

Kategorie A und B und Wohnungsgröße. Die Wohnung ist in Kategorie A oder B einzustufen, hat eine Nutzfläche von mehr als 130 Quadratmetern und ist nicht länger als sechs Monate leergestanden. Bei Durchführung von Verbesserungsarbeiten in der Wohnung verlängert sich diese Frist um ein Jahr.

Nachträgliche Vereinbarung. Nach einer mindestens einjährigen Mietdauer kann bei unbefristeten Mietverhältnissen ein angemessener Hauptmietzins schriftlich vereinbart werden. Die Zustimmung des Mieters erfolgt dabei freiwillig.

Vereinbarung über die Kostentragung bei Sanierungsarbeiten. Zur Finanzierung der Kosten von Erhaltungs- und Verbesserungsarbeiten kann zwischen Mieter und Vermieter eine befristete Erhöhung des Hauptmietzinses schriftlich vereinbart werden. Derartige Vereinbarungen dürfen erst nach einer mindestens sechsmonatigen Mietdauer abgeschlossen werden. Im Falle eines befristeten Mietverhältnisses ist eine Erhöhung nur dann zulässig, wenn der Erhöhungszeitraum vor Ablauf des Mietverhältnisses endet. An eine derartige Vereinbarung ist auch der Neumieter einer Wohnung gebunden, wenn ihm Erhöhungsbetrag und -zeitraum schriftlich bekannt gegeben werden. Im Falle eines befristeten Mietverhältnisses wiederum nur dann, wenn der Erhöhungszeitraum vor dem Ablauf des Mietverhältnisses endet.

Eine befristete Erhöhung des Hauptmietzinses wegen Sanierungsarbeiten muss schriftlich vereinbart werden

Abschlag für befristete Mietverhältnisse

Schließen Sie mit Ihrem Mieter einen befristeten Mietvertrag ab, so müssen Sie den sonst zulässigen Hauptmietzins um den Befristungsabschlag vermindern. Der Abschlag beträgt einheitlich 25 Prozent vom sonst zulässigen angemessenen Hauptmietzins, Richtwert- oder Kategoriehauptmietzins. In den Fällen eines wegen Erhaltungsarbeiten befristet erhöhten Hauptmietzinses und des förderungsrechtlichen Hauptmietzinses ist dagegen kein Abschlag vorgesehen.

Bei befristeten Verträgen gibt es Abschläge vom sonst zulässigen Zins

Kommt es bei befristeten Mietverhältnissen zu einer Verlängerung auf unbestimmte Zeit, können Sie ab dem Zeitpunkt der Umwandlung den vollen Mietzins, ohne Befristungsabschlag, verlangen. Diese Anhebung setzt aber voraus, dass die ziffernmäßige Gegenüberstellung des Hauptmietzinses mit und ohne Abschlag im Mietvertrag schriftlich ausgewiesen worden ist.

Angepasst

Für alle Hauptmietzinse gilt: Um den Mietzins den Veränderungen des Geldwertes anpassen zu können, müssen Sie eine Wertsicherungsklausel vertraglich vereinbaren. Sonst laufen Sie Gefahr, dass Sie für Ihre vermietete Wohnung immer weniger bekommen (► Seite 64).

Förderungsrechtlicher Hauptmietzins

Den förderungsrechtlichen Hauptmietzins gibt es im Bereich der Wohnbauförderung bei Neubauten und der Förderung der Wohnhaussanierung bei Altbauten. Er geht den zuvor genannten Bestimmungen über den Richtwert- bzw. angemessenen Hauptmietzins voran. Primär ist der förderungsrechtliche Hauptmietzins an der Kostendeckung orientiert. Die Sie als Vermieter treffenden Rückzahlungsraten bilden die Berechnungsgrundlage für den Hauptmietzins. Das System der Hauptmietzinsbildung ist somit grundlegend anders als das bisher Erläuterte.

Vorsicht. Gefördert errichtete Eigentumswohnungen sind im Regelfall nur für die Eigennutzung des Wohnungseigentümers vorgesehen. Bei einer Vermietung kann die Förderungsstelle die weitere Förderung einstellen, unter Umständen auch geleistete Förderungsmittel rückfordern. Nähere Informationen dazu erhalten Sie bei der Wohnbauförderungsstelle Ihres Bundeslandes.

Gerichtlich überprüft

Für Mieter besteht die Möglichkeit, die zulässige Höhe des Hauptmietzinses im wohnrechtlichen Außerstreitverfahren überprüfen zu lassen. Stellt sich in diesem Verfahren heraus, dass Sie als Vermieter einen überhöhten Hauptmietzins verlangt haben, müssen Sie die Vorschreibungen für die Zukunft entsprechend senken. Und für die Vergangenheit Rückzahlungen an Ihren Mieter leisten. Die Frist für die Einleitung eines solchen Überprüfungsverfahrens beträgt bei unbefristeten Mietverträgen drei Jahre ab Vertragsabschluss, bei befristeten Verträgen bis sechs Monate nach Vertragsbeendigung oder Umwandlung in ein unbefristetes Mietverhältnis.

Freier Hauptmietzins

Nur in einem einzigen Fall ist bei Wohnungen im Vollanwendungsbereich des MRG ein freier Hauptmietzins zugelassen. Und zwar, wenn die Behebung von Kriegsschäden an einem Gebäude oder die Neuerrichtung eines Gebäudes aus Mitteln des Wohnhaus-Wiederaufbaufonds finanziert wurde, womit diese Wohnungen zunächst auch restriktiven Mietzinsbestimmungen unterlagen. Wurden die gewährten Förderungsmittel nach den Bestimmungen des Rückzahlungsbegünstigungsgesetzes 1971 zurückbezahlt, so entfällt bei einer späteren Neuvermietung der Preisschutz des MRG (§ 53 MRG).

Beim freien Hauptmietzins gilt das Ablöseverbot nicht

Da hier die Zinsbildungsvorschriften des § 16 MRG (Richtwert- oder angemessener Hauptmietzins) nicht angewendet werden können, darf der Hauptmietzins im Rahmen des ABGB völlig frei vereinbart werden (► auch Seite 127). Damit entfällt praktisch auch das Ablöseverbot, da die Ablöse rechtlich als Mietzinsbestandteil gewürdigt wird. Auch im Außerstreitverfahren besteht keine Möglichkeit der Überprüfung.

Aufgrund der Vorschriften über den Wucher (§ 879 ABGB) und der Regelung zur Verkürzung über die Hälfte des wahren Wertes (§ 934 ABGB) ist nur bei extrem überhöhtem Hauptmietzins eine Bekämpfung der Zinsvereinbarung möglich, die jedoch gleichzeitig zur Vertragsauflösung (Vertragsrückabwicklung) führen kann.

Mietzinsbestandteile

Für das Mieten einer Wohnung wird nicht nur der Hauptmietzins fällig. Hinzu kommen ein Anteil an den Betriebskosten sowie Entgelte für verschiedene andere Leistungen.

Entgelt für mitvermietete Einrichtungsgegenstände

Wird eine Wohnung möbliert vermietet, können Sie als Vermieter zusätzlich zum Hauptmietzins ein angemessenes Entgelt vereinbaren

(§ 25 MRG). Für kategoriebestimmende Merkmale wie Koch- und Spülgelegenheit, aber auch eine Duschkabine, kommt ein derartiges Entgelt allerdings nicht in Betracht.

Bei Möbeln müssen Sie das angemessene Entgelt folgendermaßen berechnen: Ausgehend vom Wert des Möbelstückes und der voraussichtlichen Restlebensdauer ergibt sich ein monatlicher Betrag. Dazu kommen noch ein Gewinnzuschlag für Sie als Vermieter von rund 12 Prozent und die Umsatzsteuer, wenn Sie umsatzsteuerpflichtig sind.

Miete für Möbel

Eine Wohnung wird teilweise möbliert vermietet. Das Wohnzimmer ist voll eingerichtet: Wandverbau, Tisch, Sessel etc. Der Zeitwert der Wohnzimmereinrichtung beträgt 1.800 Euro, die voraussichtliche Restnutzungsdauer fünf Jahre. Als monatlicher Betrag ergeben sich daraus 30 Euro (1.800 Euro : 60 Monate) zuzüglich 3,60 Euro (12%-iger Gewinnzuschlag). Das angemessene Entgelt beträgt daher 33,60 Euro monatlich.

Betriebskosten des Hauses

Ob Sie den Gesamtmietzins als Pauschalbetrag oder die einzelnen Mietzinsbestandteile jeweils gesondert vereinbaren, bleibt Ihnen überlassen. Zumindest bei längerfristigen Mietverträgen empfehlen wir, die Betriebskosten des Hauses als variablen Mietzinsbestandteil in den Mietvertrag aufzunehmen, weil die Betriebskosten im Regelfall schneller steigen als die Inflationsrate. Bei einer Pauschalmietzinsvereinbarung mit Wertsicherung auf Basis der Inflationsrate würde daher der Anteil, der Ihnen nach Abzug der Betriebskosten verbleibt, immer geringer.

Variable Betriebskosten verpflichten zu jährlicher Abrechnung

Eine variable Gestaltung des Betriebskostenanteiles verpflichtet Sie aber auch zur jährlichen Abrechnung der Betriebskosten gegenüber Ihrem Mieter. Auf diese Problematik wird auf ► Seite 62 näher eingegangen.

Was sind Betriebskosten?

Welche Betriebskosten und öffentlichen Abgaben Sie Ihrem Mieter verrechnen dürfen, können Sie den gesetzlichen Bestimmungen entnehmen (§§ 21 – 23 MRG).

Der Betriebskostenkatalog umfasst ausschließlich folgende Aufwendungen:

- Wassergebühren bei Versorgung aus einer öffentlichen Wasserleitung sowie die Kosten der Dichtheitsüberprüfung, wenn diese vorgeschrieben ist, bzw. die Kosten für die Erhaltung der Wasserversorgung aus einem Hausbrunnen oder einer nicht-öffentlichen Wasserleitung
- Kosten der regelmäßigen Rauchfangkehrung
- Kanalgebühren
- Kosten der Schädlingsbekämpfung und der Unratsabfuhr (Müllabfuhr, aber auch Boden- und Kellerentrümpelung, soweit der Verursacher nicht mehr feststellbar ist)
- Kosten der Beleuchtung der allgemein zugänglichen Hausteile (Stiegenhaus)
- Kosten angemessener Versicherungen gegen Brandschäden, Leitungswasserschäden sowie die gesetzliche Haftpflicht; die Kosten anderer Versicherungen (z.B. Glasbruch) hingegen nur, wenn die Mehrheit der Hauptmieter zustimmt
- Auslagen für die Verwaltung des Hauses. Derzeit beträgt das Verwaltungskostenpauschale 3,60 Euro pro Quadratmeter Nutzfläche und Jahr. Der genannte Betrag ist wertgesichert. Es dürfen keine weiteren Kosten wie Bankspesen, Zahlscheingebühr etc. verrechnet werden.
- Aufwendungen für die Hausbetreuung (Hausbesorger-Arbeiten)
- öffentliche Abgaben, sofern nicht ein Überwälzungsverbot besteht; die Verrechnung der Grundbesitzabgaben ist zulässig

Andere Ausgaben, insbesondere Kosten für Reparaturarbeiten im Haus, dürfen Sie nicht als Betriebskosten verrechnen.

Aufteilung der Betriebskosten

Bei mehreren Wohnungen erfolgt die Aufteilung der Betriebskosten nach einem einheitlichen Verteilungsschlüssel

Die Aufteilung der Betriebskosten auf die einzelnen Objekte, Wohnungen, Geschäfte etc. erfolgt nach einem einheitlichen Verteilungsschlüssel. Dieser errechnet sich nach den Bestimmungen des MRG aus dem Verhältnis der Nutzfläche eines Mietgegenstandes zur Nutzfläche aller Mietgegenstände des Hauses (§ 17 MRG). In Wohnungseigentumsanlagen werden die Kosten jedoch oft nach dem Verhältnis der Nutzwerte auf die einzelnen Objekte verteilt. Damit hier keine Differenzen entstehen, ist es notwendig, dass Sie im Mietvertrag bereits vorsehen, dass die Hausbetriebskosten, die Sie Ihrem Mieter weiterverrechnen wollen, nach demselben Verteilungsschlüssel aufgeteilt werden, wie er Ihnen gegenüber angewandt wird.

Betriebskostenvorschreibung und -abrechnung

Die Vorschreibung und Verrechnung der Betriebskosten erfolgt im Regelfall nach der Pauschalverrechnung. Bei dieser dürfen während des Jahres monatliche Teilbeträge in gleich bleibender Höhe eingehoben werden. Bis zum 30. Juni des Folgejahres müssen Sie als Vermieter über das vorangegangene Kalenderjahr eine genaue Abrechnung betreffend die Ausgaben in übersichtlicher und nachvollziehbarer Form vorlegen. Außerdem ist die Einsicht in die Belege zu ermöglichen.

Ausgaben sind Aufwendungen, die Ihnen gegenüber ausschließlich im betreffenden Kalenderjahr fällig geworden sind. Das heißt: In die Abrechnung 2017, die 2018 gelegt wird, dürfen keine 2016 fällig gewordenen Betriebskosten aufgenommen werden.

Überschüsse der Betriebskostenabrechnung müssen Sie an Ihren Mieter weitergeben

Ergibt sich aus der Abrechnung ein Überschuss zugunsten Ihres Mieters, so ist dieser zum übernächsten Zinstermin zurückzuzahlen. Ergibt sich ein Fehlbetrag, so dürfen Sie diesen zum übernächsten Zinstermin nachfordern. Berechtigt bzw. verpflichtet ist immer jener Mieter, der zum Fälligkeitstermin (übernächster Zinstermin) ein aufrechtes Mietverhältnis hat. Unabhängig davon, ob er im Vorjahr bereits Mieter war oder nicht.

Da Sie als Wohnungseigentümer im Regelfall nicht über alle Belege verfügen werden, sind Sie auf die Abrechnung der Hausverwaltung Ihnen gegenüber angewiesen. Beachten Sie, dass im Wohnungseigentumsgesetz (WEG) keine gesonderte Betriebskostenabrechnung vorgesehen ist. Erhalten Sie von Ihrer Hausverwaltung nur eine Abrechnung über alle Ausgaben, die Sie als Wohnungseigentümer treffen, müssen Sie die Betriebskosten im Sinne des MRG gesondert ermitteln.

Selbst wenn Ihnen Ihre Hausverwaltung eine sogenannte Betriebskostenabrechnung übermittelt, sind die darin ausgewiesenen Beträge nicht immer 1 : 1 auf Ihren Mieter überwälzbar. Das Verwaltungshonorar in der Abrechnung gegenüber den Wohnungseigentümern ist meistens höher als jenes, das einem Mieter in Rechnung gestellt werden darf. Auch Bankspesen, Kosten eines Steuerberaters etc., die in Wohnungseigentümerabrechnungen oft als Betriebskosten aufscheinen, sind nicht auf den Mieter überwälzbar. Ebenso wenig können Sie die Kosten von Reparaturen im Haus, die Ihnen verrechnet werden, als „Betriebskosten" auf Ihren Mieter überwälzen. In all diesen Fällen müssen Sie daher eine eigene Abrechnung für Ihren Mieter erstellen, in der nur die bereits aufgezählten Kosten enthalten sind. Legen Sie als Vermieter bis 30. Juni des Folgejahres keine oder nur eine ungenügende Abrechnung, so kann Ihr Mieter diese mit einem Antrag im wohnrechtlichen Außerstreitverfahren erzwingen.

Kosten von Gemeinschafts- und zentralen Heizungsanlagen

Auch für Gemeinschafts- und Heizanlagen fallen Betriebskosten an

Entsprechend den Vorschriften über die Betriebskosten des Hauses gibt es eine Regelung über die Betriebskosten von Gemeinschaftsanlagen und gemeinsamen Heizungsanlagen (§ 24 MRG bzw. HeizKG). Dazu gehören: Personenaufzug, gemeinsame Wärmeversorgungsanlage, Waschküche, Schwimmbad, Sauna, aber auch Grünflächen usw.

Auch hier ist es für Sie besonders wichtig, im Mietvertrag vorzusehen, dass Sie diese Kosten nach demselben Verteilungsschlüssel auf den Mieter überwälzen können, wie er Ihnen gegenüber angewandt wird. Selbstverständlich muss es Ihrem Mieter aber auch möglich sein, diese Einrichtungen zu benützen.

Befristung und Beendigung

Auf Grundsätze und Unterschiede zwischen befristeten und unbefristeten Mietverhältnissen sind wir bereits eingegangen (► Seite 16). Für Eigentumswohnungen (sowohl im Voll- als auch im Teilanwendungsbereich des MRG) gilt der Kündigungsschutz des Mietrechtsgesetzes. Dazu gehören die besonderen Befristungsbestimmungen und der Grundsatz, dass der Vermieter ein Mietverhältnis immer nur aus einem der im § 30 MRG genannten Kündigungsgründe aufkündigen kann.

Befristete Mietverhältnisse

Wird ein befristeter Mietvertrag abgeschlossen, gilt zunächst der Grundsatz, dass sich beide Vertragsparteien an die Befristung halten müssen. Sie als Vermieter müssen für die Dauer der Vereinbarung die Wohnung bereitstellen, Ihr Mieter muss den Mietzins bezahlen. Derartige Mietverhältnisse enden durch Zeitablauf, ohne dass eine Kündigung ausgesprochen werden müsste.

Um eine Befristung wirksam zu vereinbaren, müssen folgende Voraussetzungen erfüllt werden:

Mündlich kann nicht wirksam befristet werden

- Die Vereinbarung muss schriftlich erfolgen.
- Sie muss die Bestimmung enthalten, dass das Mietverhältnis durch Zeitablauf zu einem bestimmten Termin ohne Kündigung endet (unbedingter Endtermin).
- Die Vertragsdauer muss bei Wohnungen – auch bei jeder Vertragsverlängerung – zumindest drei Jahre betragen (Mindestvertragsdauer).

Bei Vermietung zu anderen als Wohnzwecken (z.B. als Büro) gibt es keine Mindestvertragsdauer. Das Schriftformerfordernis gilt aber auch hier.

Seit 2000 gibt es keine Höchstdauer für die Befristung von Wohnungsmietverträgen mehr. Es kann z.B. von vornherein ein Mietvertrag mit einer zwanzigjährigen Vertragsdauer abgeschlossen werden oder man macht vier Mietverträge mit je fünfjähriger Vertragsdauer. Nur die Mindestvertragsdauer von drei Jahren und die Schriftlichkeit ist einzuhalten – auch bei jeder Verlängerung. Auf den Entfall der Höchstdauer verweisen wir deshalb besonders, weil sich in der Öffentlichkeit hartnäckig das Gerücht hält, ein fünf (bzw. zehn) Jahre übersteigendes befristetes Mietverhältnis würde automatisch zu einem unbefristeten Mietvertrag führen. Das ist schlicht falsch!

Vertragliche Befristungsvereinbarungen, die die angeführten Punkte nicht erfüllen, z.B. eine nur zweijährige Mietdauer, führen zu einer Unwirksamkeit der Befristung. Das Mietverhältnis ist in einem solchen Fall von Beginn an de facto ein unbefristetes.

Unterlassen Sie die rechtzeitige Geltendmachung der Beendigung des Mietvertrages und bleibt Ihr Mieter in der Wohnung, so wird der Mietvertrag einmalig um drei Jahre verlängert. Wird der Mietvertrag nach diesen drei Jahren neuerlich nicht aufgelöst oder eine schriftliche Verlängerungsvereinbarung getroffen, so wandelt sich der Mietvertrag in einen solchen auf unbestimmte Zeit. Ab dem Zeitpunkt der Umwandlung in einen unbefristeten Mietvertrag können Sie den vollen Mietzins, ohne Befristungsabschlag (► Seite 101), verlangen. Diese Anhebung setzt aber voraus, dass die ziffernmäßige Gegenüberstellung des Mietzinses mit und ohne Abschlag bereits im Mietvertrag schriftlich ausgewiesen wurde.

Kümmern Sie sich nicht darum, wenn Ihr Mieter länger in der Wohnung bleibt als vereinbart, so verlängert sich der Mietvertrag um drei Jahre

Möglich ist auch eine Aufkündigung während der vereinbarten Mietzeit – vorzeitige Vertragsbeendigung. Sie ist allerdings an bestimmte Voraussetzungen gebunden:

- Ein Mieter kann das Mietverhältnis nach Ablauf eines Jahres – gerechnet ab dem Vertragsbeginn oder ab einer schriftlichen Vertragsverlängerung – unter Einhaltung einer dreimonatigen Kündigungsfrist ohne Angabe von Gründen vorzeitig aufkündigen.

Klare Verhältnisse

Die folgende Formulierung lässt keine Fragen offen: „Das Mietverhältnis beginnt am 1. Februar 2017, wird auf die Dauer von fünf Jahren abgeschlossen und endet daher am 31. Jänner 2022, ohne dass es einer Aufkündigung bedarf."

Befristung unwirksam

Sie suchen einen Mieter für Ihre Eigentumswohnung. Ein Mietinteressent will die Wohnung nur vorübergehend mieten, weil er eine neue Wohnung bereits in Aussicht hat, diese aber erst in neun bis zwölf Monaten bezugsfertig sein wird. Um den gesetzlichen Erfordernissen zu entsprechen, müssen Sie jedoch mit einer Mindestvertragsdauer von drei Jahren abschließen. Um den Mietinteressenten damit nicht abzuschrecken, könnten Sie ihm vertraglich eine erweiterte Ausstiegsmöglichkeit einräumen. Zum Beispiel könnte schriftlich vereinbart werden, dass der Mieter von Beginn des Mietverhältnisses an ein Kündigungsrecht mit einmonatiger Frist zu einem Monatsletzten hat. Ohne eine solche Klausel könnte der Mieter bei einem befristeten Mietvertrag im ersten Jahr nicht kündigen, erst danach mit dreimonatiger Frist. Schließen Sie hingegen den Mietvertrag im Vertrauen auf die Angaben Ihres Interessenten mit einer einjährigen Befristung ab, handelt es sich um einen nicht durchsetzbaren Endtermin. Überlegt es sich Ihr Mieter mit der anderen Wohnung und zieht nicht aus, hat er einen unbefristeten Mietvertrag, den Sie nur aus wichtigen Gründen aufkündigen können.

- Bei der zuvor beschriebenen einmaligen (automatischen) Erneuerung um drei Jahre kann der Mieter das Mietverhältnis ohne Wartefrist unter Einhaltung der dreimonatigen Kündigungsfrist aufkündigen.
- Sowohl die Erben als auch Sie als Vermieter können das Mietverhältnis im Fall des Todes des Wohnungsmieters vor Vertragsablauf unter Einhaltung einer einmonatigen Frist kündigen (§ 1116a ABGB); Sie als Vermieter jedoch nur dann, wenn es keine Eintrittsberechtigten gibt (► Seite 115).
- Im Mietvertrag ist vereinbart, dass ein weitergehendes Kündigungsrecht besteht, z.B. für den Mieter bereits während des ersten Jahres oder mit einmonatiger Kündigungsfrist.
- Als Vermieter haben Sie kein gesetzliches Kündigungsrecht. Sie können nur dann kündigen, wenn Sie im Mietvertrag ein Kündigungsrecht während der Vertragsdauer vorsehen! Möglich wird eine Kündigung allerdings immer nur bei Vorliegen eines Kündigungsgrundes gemäß § 30 MRG sein.

Neben der Kündigung ist eine vorzeitige Auflösung aus wichtigen Gründen (§§ 1117, 1118 ABGB, ► Seite 32) auch bei befristeten Mietverhältnissen über Wohnungen möglich.

Aufkündigung

Vermieter-kündigungen müssen gerichtlich erfolgen

Die Beendigung eines unbefristeten Mietverhältnisses gegen den Willen des Vertragspartners geschieht in der Regel durch Aufkündigung. Bei befristeten Mietverhältnissen hingegen ist eine Aufkündigung immer nur bei Vorliegen der bereits beschriebenen Voraussetzungen möglich.

Eine wirksame Aufkündigung kann nur unter Einhaltung der vertraglichen oder gesetzlichen Kündigungsfrist zum Kündigungstermin erfolgen. Das Erfordernis der gerichtlichen Aufkündigung gilt für die Vermieterkündigungen. Mieter können seit der Wohnrechtsnovelle 2006 sowohl gerichtlich als auch bloß schriftlich kündigen. Eine mündliche Aufkündigung des Mieters oder schriftliche Kündigung des Vermieters mit eingeschriebenem Brief ist daher nicht rechtswirksam und zieht keine Folgen nach sich. Akzeptiert der Vertragspartner jedoch diese Form der Aufkündigung, so liegt rechtlich gesehen eine einvernehmliche Auflösung des Mietverhältnisses vor.

Wird eine Wohnung gekündigt, beträgt die Kündigungsfrist einen Monat

Wurden weder Kündigungsfrist noch Kündigungstermin im Mietvertrag gesondert vereinbart, so gelten die gesetzlichen Bestimmungen. Für Wohnungen beträgt die Kündigungsfrist einen Monat, Kündigungstermin ist der Monatsletzte (§ 560 ZPO). Um die Kündigungsfrist einzuhalten, muss die Kündigung noch vor Beginn der einmonatigen Frist zugestellt werden. Bei befristeten Mietverhältnissen beträgt die gesetzliche Kündigungsfrist für den Mieter drei Monate (§ 29 MRG). Es kann trotz allem passieren, dass eine Kündigung erst „verspätet" beim Vertragspartner einlangt, die volle Kündigungsfrist also nicht gewahrt ist. Für diesen Fall gilt die „verspätete" Kündigung dann zum nächstmöglichen Kündigungstermin. Handelt es sich um eine gerichtliche Kündigung, muss der Kündigungsgegner aber eine „Verspätung" beim Gericht rügen. Nur dann wird vom Gericht der spätere Kündigungstermin festgesetzt.

Aufkündigung durch den Vermieter

Als Vermieter dürfen Sie Ihren Mieter nur aus wichtigen Gründen kündigen

Als Vermieter dürfen Sie, wie bereits erwähnt, nur aus wichtigen Gründen kündigen. Diese sind in der gerichtlichen Kündigung genau anzuführen. Das dafür zuständige Gericht ist das für das Gebäude örtlich zuständige Bezirksgericht. Ein befristetes Mietverhältnis können Sie als Vermieter aus diesen Gründen aber nur dann vorzeitig aufkündigen, wenn Sie sich das vertraglich vorbehalten haben.

Die wichtigen Gründe, die Sie als Vermieter zur Aufkündigung berechtigen, sind in der Mehrzahl solche, die ein Verschulden bzw. ein vertragswidriges Verhalten eines Mieters voraussetzen. Kündigungsgründe ohne Verschulden Ihres Mieters müssen von Ihnen erstens nachgewiesen werden, zweitens muss dem Mieter auch eine Ersatzwohnung angeboten werden.

Sämtliche verschuldensabhängigen Kündigungsgründe müssen Sie als Vermieter ohne unnötigen Aufschub geltend machen. Sonst ist davon auszugehen, dass Sie auf die Geltendmachung dieses Kündigungsgrundes verzichtet haben. Als wichtige Gründe, die zur Aufkündigung berechtigen, gelten insbesondere folgende Tatbestände gemäß § 30 Abs. 2 MRG (die folgenden Ziffern beziehen sich immer auf diese Gesetzesstelle, soweit nicht anders angegeben):

Nichtbezahlung des bereits seit acht Tagen fälligen Mietzinses trotz erfolgter Mahnung (Z 1). Trifft Ihren Mieter kein grobes Verschulden am festgestellten Rückstand, so kann er diesen noch während der Verhandlung begleichen, womit die Kündigung aufzuheben ist. Ihr Mieter muss Ihnen jedoch Ihre Verfahrenskosten ersetzen. Der qualifizierte Mietzinsrückstand kann auch mit Vertragsaufhebung gemäß § 1118 ABGB geltend gemacht werden. Bei dieser Vorgangsweise sind keine Kündigungsfristen einzuhalten (► Seite 32).

Erheblich nachteiliger Gebrauch und unleidliches Verhalten (Z 3, 1. und 2. Fall). Diese Kündigungsgründe sind gleichzeitig Auflösungsgründe gemäß § 1118 ABGB (► Seite 32).

Gänzliche Weitergabe (Untervermietung) der Wohnung und fehlendes Wohnbedürfnis (Z 4, 1. Fall). Der Kündigungsgrund ist erfüllt, wenn die Wohnung zur Gänze, entgeltlich oder unentgeltlich, ohne Ihre Erlaubnis weitergegeben wird und seitens Ihres Mieters oder eintrittsberechtigter Personen (Eintrittsberechtigung, ► Seite 116) auch in naher Zeit kein dringendes Wohnbedürfnis an dieser Wohnung besteht. Dabei kommt es nicht so sehr auf den Zeitraum an – er kann auch etwas länger als ein Jahr sein –, sondern vielmehr auf den konkreten zukünftigen Bedarf. Plant Ihr Mieter einen einjährigen Auslandsaufenthalt, abgrenzbar z.B. durch einen Arbeitsvertrag oder ein Auslandsstipendium, und beabsichtigt er, nach seiner Rückkehr wieder in der Wohnung zu wohnen, so liegt ein dringender Wohnbedarf in naher Zeit vor. Er kann während dieser Zeit seine Wohnung weitergeben und erfüllt den Kündigungstatbestand nicht.

Ist Ihr Mieter vorübergehend abwesend, kann er in dieser Zeit seine Wohnung auch weitergeben

Gänzliche oder teilweise Weitergabe der Wohnung gegen eine unverhältnismäßig hohe Gegenleistung (Z 4, 2. Fall). Der Kündigungsgrund liegt vor, wenn ein Hauptmieter seine Wohnung untervermietet und dafür einen unverhältnismäßig hohen Zins (deutlich mehr als 150 Prozent des Hauptmietzinses) verlangt.

Tod des Wohnungsmieters und Fehlen von Eintrittsberechtigten (Z 5). Im Todesfall Ihres Mieters können Sie die Kündigung nur aussprechen, wenn keine Eintrittsberechtigten (► Seite 115), die selbst zu Mietern werden, nachfolgen. Ihre Kündigung müssen Sie zunächst gegen die Verlassenschaft, danach gegen die Erben Ihres Mieters richten.

Leerstand – Nichtbenützung der Wohnung zu Wohnzwecken (Z 6). Der Kündigungsgrund ist erfüllt, wenn die Wohnung nicht regelmäßig zu Wohnzwecken verwendet wird und ein dringendes Wohnbedürfnis des Mieters oder seiner Eintrittsberechtigten fehlt. Vorübergehende Nichtbenützung wegen Kur oder aus beruflichen Gründen spielt keine Rolle.

Dringender Eigenbedarf des Vermieters oder seiner Kinder an der Eigentumswohnung – ohne Ersatzbeschaffung (Z 8). Dieser Kündigungsgrund schwebt zwar immer wieder im Raum, doch kann er nur unter den folgenden Voraussetzungen rechtswirksam werden:

Dringender Eigenbedarf des Vermieters ist nur mit Einschränkungen ein Kündigungsgrund

- Sie als Vermieter (oder Ihre Kinder) können Ihr Wohnbedürfnis unverschuldet nicht oder nur notdürftig anderweitig decken (strenge Auslegung).
- Sie sind zumindest zehn Jahre lang Eigentümer der vermieteten Wohnung gewesen (diese Frist gilt nicht beim Erwerb durch Erbschaft).
- Sie müssen als Vermieter bereit sein, die Übersiedlungskosten Ihres Mieters zu tragen.

Dringender Eigenbedarf des Vermieters oder seiner Kinder – mit Ersatzbeschaffung (Z 9). Dieser Kündigungsgrund ist in den Voraussetzungen identisch mit dem zuvor dargestellten Kündigungsgrund, nur entfällt das Erfordernis der zehnjährigen Eigentümerstellung. Sie müssen Ihrem Mieter eine entsprechende Ersatzwohnung anbieten.

Ein im Mietvertrag schriftlich vereinbarter Kündigungsgrund (Z 13). Ein schriftlich vereinbarter Kündigungsgrund muss für Sie als Vermieter wichtig und bedeutsam sein und den bisher genannten in der Wertigkeit zumindest nahekommen. Denkbar wäre etwa ein erhöhter Wohnungsbedarf, weil Sie geheiratet haben.

Kündigungsverfahren

Die Aufkündigung von Mietverträgen kann von Ihnen als Vermieter, wie bereits beschrieben, immer nur gerichtlich unter Angabe eines der Kündigungsgründe erfolgen. Ihrem Mieter steht es dagegen offen, ob er gerichtlich oder nur schriftlich kündigen will. Und er braucht seine Kündigung nicht zu begründen. Vom Bezirksgericht wird dem Kündigungsgegner die Kündigung mit dem Beschluss zugestellt, die Wohnung zum angegebenen Termin geräumt zu übergeben oder gegen die Aufkündigung binnen vier Wochen Einwendungen zu erheben.

Eine Verhandlung wird nur ausgeschrieben, wenn ein Kündigungsgegner innerhalb dieser vierwöchigen Frist beim Bezirksgericht Einwendungen erhebt – auch in formloser Art. Das Gericht prüft dann den Kündigungstermin und die geltend gemachten Gründe, wobei die Beweislast immer bei der kündigenden Partei liegt. Trifft eine gerichtliche Kündigung verspätet ein, also nicht vor Beginn der Kündigungsfrist, so muss der Kündigungsgegner die „Verspätung" beim Gericht rügen, damit dieses den nächstmöglichen Kündigungstermin festsetzen kann.

Mietrechtsübergang

Im Unterschied zur Auflösung des Mietvertrages bleibt das Mietverhältnis bei einem Mietrechtsübergang bestehen. Auf Mieterseite treten lediglich andere Personen in den Vertrag ein, was auch ohne Zustimmung des Vermieters geschehen kann. Der Abschluss eines neuen Mietvertrages ist bei den im Folgenden angeführten Fällen nicht erforderlich. Vielmehr werden alle Rechte und Pflichten aus dem ursprünglichen Mietverhältnis auf den neuen Mieter übertragen. Treten in einen vor März 1994 abgeschlossenen Mietvertrag volljährige Kinder oder Enkel des bisherigen Hauptmieters ein, kann dies allerdings zu einer Anhebung des Mietzinses führen.

Bei einem Mietrechtsübergang bleibt das Mietverhältnis bestehen

Eintrittsrecht

Durch Tod eines Mieters wird das Mietverhältnis nicht aufgelöst! Folgende Personen, genannt Eintrittsberechtigte, treten gemäß § 14 MRG in das Mietverhältnis ein, sofern sie dringendes Wohnbedürfnis haben und schon bisher im gemeinsamen Haushalt mit dem Verstorbenen gewohnt haben:

- Ehegatte, eingetragener Partner, Geschwister, Verwandte in gerader Linie (Eltern, Kinder, Enkel, Wahlkinder). Eine Mindestdauer des gemeinsamen Haushalts ist dabei nicht erforderlich.
- Lebensgefährte, auch gleichgeschlechtlicher. Als Lebensgefährte gilt, wer mindestens drei Jahre vor dem Tod des Mieters in dessen Wohnung in Haushaltsgemeinschaft gelebt hat, die in wirtschaftlicher Hinsicht einer Ehe gleichzusetzen ist. Weniger als drei Jahre genügen dann, wenn die Wohnung gemeinsam bezogen wurde.

Durch den Tod eines Mieters wird das Mietverhältnis nicht automatisch aufgelöst

Gibt es mehrere Personen, die diese Voraussetzungen erfüllen, etwa Ehegatte und Kinder, so treten sie gemeinsam in das Mietverhältnis ein. Es gibt daher zukünftig mehrere Hauptmieter dieser Wohnung. Gibt es keine Eintrittsberechtigten oder verzichten alle auf die Fortsetzung des Mietverhältnisses, so geht dieses auf die Verlassenschaft des Verstorbenen über. Nur in diesem Fall steht Ihnen als Vermieter ein Kündigungsrecht zu. Wollen die Eintrittsberechtigten die Wohnung nicht weiter nutzen, müssen sie dies binnen 14 Tagen nach dem Todesfall Ihnen als Vermieter bekannt geben. Sonst wird der Mietrechtseintritt automatisch vollzogen und damit auch die Haftung für Mietzins und Verbindlichkeiten, die während der Mietzeit des verstorbenen Mieters entstanden sind. Aufgrund dieser gesetzlichen Bestimmung ist daher für den Eintritt in das Mietverhältnis weder ein Anerkennen durch Sie als Vermieter noch der Neuabschluss eines Mietvertrages erforderlich. Das Eintrittsrecht nach § 14 MRG gilt auch im Teilanwendungsbereich des MRG.

Abtretung der Mietrechte unter Lebenden

Verlässt der Hauptmieter seine Wohnung, darf er seine Mietrechte an der Wohnung gemäß § 12 MRG an folgende Personen abtreten:

- an den Ehegatten, eingetragenen Partner, wenn ein gemeinsamer Haushalt zwei Jahre bestanden hat (diese Frist kann unterschritten werden, wenn die Wohnung gemeinsam bezogen oder der gemeinsame Haushalt seit der Eheschließung in dieser Wohnung geführt wurde)
- an Verwandte in gerader Linie (Eltern, Kinder, Enkel, Wahlkinder), wenn ein gemeinsamer Haushalt zwei Jahre bestanden hat (diese Frist kann unterschritten werden, wenn die Wohnung gemeinsam bezogen wurde oder die Kinder seit ihrer Geburt in dieser Wohnung gewohnt haben)
- an Geschwister, wenn ein gemeinsamer Haushalt fünf Jahre bestanden hat (auch kürzer, wenn die Wohnung gemeinsam bezogen wurde)

Sie als Vermieter müssen von der Mietrechtsabtretung verständigt werden. Der neue Mieter tritt in den alten Mietvertrag zu den bisherigen Bedingungen ein. Das Eintrittsrecht nach § 12 MRG gilt nur im Vollanwendungsbereich des Mietrechtsgesetzes.

Investitionskostenersatz

Für wesentliche Verbesserungen kann Ihr Mieter Aufwandersatz von Ihnen fordern

Hat ein Hauptmieter in der Wohnung innerhalb der letzten zwanzig Jahre wesentliche Verbesserungen durchgeführt, die auch für einen Nachmieter nützlich sind, so kann er bei Beendigung des Mietverhältnisses von Ihnen als Vermieter dafür einen Aufwandersatz beanspruchen (§ 10 MRG).

Getätigte Investitionen können vom Mieter auch dann gegenüber Ihnen als Vermieter geltend gemacht werden, wenn sie bereits von einem Vormieter durchgeführt und diesem vom folgenden Mieter abgelöst wurden. Die Nutzungsdauer des Vormieters ist dabei einzuberechnen.

Kein Anspruch besteht für Arbeiten, denen Sie als Vermieter berechtigterweise nur unter der Bedingung der Wiederherstellung des früheren Zustandes zugestimmt haben. Auf den gesetzlichen Ersatzanspruch nach § 10 MRG kann im Voraus nicht verzichtet werden, weshalb eine derartige Klausel im Mietvertrag unerheblich ist.

Ersatzfähig sind folgende Arbeiten, die der Mieter auf eigene Kosten durchgeführt hat:

- Errichtung oder Umgestaltung von Wasser-, Strom- und Gasleitungen, Beheizungsanlagen und sanitären Anlagen
- die Erneuerung einer bei Beginn des Mietverhältnisses vorhandenen, aber schadhaft gewordenen Heiztherme oder eines Warmwasserboilers
- gänzliche Erneuerung eines schadhaft gewordenen Fußbodens
- Wohnungszusammenlegung
- andere gleich wesentliche Verbesserungen (energiesparende Investitionen), insbesondere solche, die von der öffentlichen

Hand gefördert wurden; dazu gehören beispielsweise auch altengerechte Umbauten oder der Einbau einer Sicherheitstüre

Ausgeschlossen vom Ersatzanspruch sind:

- alle Arbeiten, die vom Mieter aufgrund seiner Erhaltungspflicht getätigt wurden
- alle Verbesserungen, denen Sie als Vermieter berechtigterweise nicht zugestimmt haben bzw. bei denen Sie Ihre Zustimmung von der Wiederherstellung des früheren Zustandes bei Wohnungsrückgabe abhängig gemacht haben

Für Investitionen gibt es jährliche Abschreibungen zwischen 5 und 10 Prozent

Die Höhe des Ersatzanspruches richtet sich nach den belegbaren Ausgaben, vermindert um eine Abschreibung für jedes seit der Investition vergangene Jahr:

- Bei öffentlich geförderten Verbesserungen richtet sich die Abschreibungshöhe immer nach der Laufzeit der Förderung. Ein geförderter Zehnjahreskredit etwa führt zu 10 Prozent jährlicher Abschreibung.
- Bei Verbesserungen ohne Förderung, die zu einer der zwei auf ► Seite 117 genannten Arbeiten gehören, sowie bei der gänzlichen Erneuerung eines schadhaft gewordenen Fußbodens beträgt die jährliche Abschreibung 10 Prozent.
- Bei allen anderen Arbeiten beträgt die jährliche Abschreibung 5 Prozent.

Der Ersatzanspruch muss unter Vorlage der Rechnungen zu folgenden Zeitpunkten schriftlich angezeigt werden:

- bei einvernehmlicher Auflösung und bei Aufkündigung seitens des Mieters spätestens 14 Tage nach Abschluss der Auflösungsvereinbarung oder nach Zustellung der Aufkündigung an Sie als Vermieter
- in allen übrigen Fällen spätestens mit Rückgabe der Wohnung bzw. bei längerer Räumungsfrist binnen zwei Monaten ab Vorliegen des rechtskräftigen Räumungstitels

Ersatz von Aufwendungen gibt es nur bei Vorlage von Rechnungen

Entspricht die Form oder der Inhalt der Anzeige nicht den gesetzlichen Erfordernissen, d.h. wurden etwa nicht alle Rechnungen vorgelegt, haben Sie als Vermieter Ihren Mieter zur Verbesserung des Mangels binnen angemessener Frist aufzufordern. Kommt der Mieter dieser Aufforderung nicht nach, verliert er den Ersatzanspruch.

Kommt es zu keiner Neuvermietung der Wohnung und benützen Sie die Wohnung auch nicht selbst, muss der scheidende Mieter binnen sechs Monaten nach Rückstellung überdies einen Nachmieter namhaft machen, der bereit ist, den geforderten Aufwandersatz und den jeweils zulässigen Hauptmietzins zu leisten, damit der Investitionskostenersatz fällig wird.

Bei Altbaueigentumswohnungen besteht für Sie als Vermieter die Möglichkeit, den bezahlten Aufwandersatz auf den Nachmieter zu überwälzen (§§ 10 und 27 MRG). Bei der Mietzinsvereinbarung mit dem neuen Mieter ist dann aber zu beachten, dass die „überwälzten" Investitionen nicht nochmals berücksichtigt werden dürfen. (Auf den anders geregelten Aufwandersatz nach dem ABGB, der neben dem Investitionskostenersatz nach § 10 MRG zustehen kann, wird auf ► Seite 72 eingegangen.)

Die vermietete Neubaueigentumswohnung

Solche Wohnungen fallen nur teilweise in den Anwendungsbereich des Mietrechtsgesetzes (MRG). Sie können den Mietzins frei vereinbaren. Allerdings gilt der gesetzliche Kündigungsschutz. Daher vermieten Sie am besten nur befristet.

Teilweiser Geltungsbereich des MRG

Für solche Wohnungen gilt das Mietrechtsgesetz nur teilweise. In diesen Teilanwendungsbereich des MRG – hier gelten lediglich die Regelungen über die Befristung, den Kündigungsschutz und das Eintrittsrechtsrecht im Todesfall – fallen:

Kündigungsschutz und Regelungen über Befristungen gelten auch im Teilanwendungsbereich des MRG

- Alle Eigentumswohnungen in Gebäuden, die aufgrund einer nach dem 8. Mai 1945 erteilten Baubewilligung errichtet worden sind (sogenannter Neubau). Davon ausgenommen sind Eigentumswohnungen in einem Neubau, die unter Zuhilfenahme von Förderungsmitteln nach dem Wohnhaus-Wiederaufbaugesetz oder dem Wohnbauförderungsgesetz 1968 wiederhergestellt bzw. neu errichtet worden sind. Diese Wohnungen fallen in den Vollanwendungsbereich des MRG.
- Eigentumswohnungen in einem Altbau, die aufgrund einer nach dem 31. Dezember 2001 erteilten Baubewilligung durch den Ausbau eines Dachbodens oder einen Aufbau neu geschaffen worden sind.
- Eigentumswohnungen, die durch einen Zubau zu einem Altbau aufgrund einer nach dem 30. September 2006 erteilten Baubewilligung neu errichtet wurden.
- Eigentumswohnungen, die ursprünglich als „Genossenschaftswohnungen" vermietet waren, aber später vom Mieter als Eigentumswohnung von der gemeinnützigen Bauvereinigung erworben worden sind. Wird eine derartige Wohnung vermietet, so fällt dieses Mietverhältnis immer nur in den Teilanwendungsbereich des MRG. Dies unabhängig von der Verwendung von Wohnbauförderungsmitteln.

Benützung und Erhaltung

Mit Anmietung einer Wohnung erwirbt der Mieter das Recht, in der Wohnung für die Dauer des Mietverhältnisses ohne Behinderungen wohnen zu können. Sie als Vermieter sind verpflichtet, Ihrem Mieter diese Nut-

Zutritt zur Wohnung

Aus wichtigen Gründen hat der Mieter dem Vermieter das Betreten seiner Wohnung zu gestatten. Etwa bei Gefahr in Verzug, weil ein Rohrgebrechen vorliegt, oder zur Überprüfung des Wohnungszustandes, insbesondere wenn Einrichtungsgegenstände mitvermietet sind. Diese Kontrollen des Vermieters dürfen aber nicht in schikanöser Art (z.B. ohne Ankündigung oder mitten in der Nacht) und nur in angemessenen Zeitabständen (z.B. einmal jährlich) nach vorheriger Terminvereinbarung erfolgen (siehe auch ► Seite 61). Verweigert Ihnen Ihr Mieter den Wohnungszutritt, haben Sie die Möglichkeit, durch Klagseinbringung beim Bezirksgericht den Zutritt zu erzwingen.

zungsmöglichkeit (bedungener Gebrauch) zu verschaffen und ihn vor Störungen zu schützen (§ 1096 ABGB).

Zum Benützungsrecht an einer Wohnung gehört neben dem ungehinderten Zugang zur Wohnung auch die Mitbenützung von allgemeinen Teilen des Hauses wie Waschküche, Trockenräume u.Ä. Können derartige Anlagen nur unter Kostenbeteiligung benützt werden, etwa ein Aufzug, so bedarf es eines entsprechenden Hinweises im Mietvertrag.

Nehmen Sie bei der Vermietung Ihrer Eigentumswohnung die bestehende Hausordnung in den Mietvertrag auf

Der Umfang des Benützungsrechtes einer Wohnung und der Gemeinschaftsanlagen eines Hauses wird nicht nur im Gesetz, sondern meist auch in einer speziellen Hausordnung näher geregelt. Wichtig ist daher, dass Sie bei der Vermietung Ihrer Eigentumswohnung auch die bestehende Hausordnung in den Mietvertrag aufnehmen bzw. auf diese verweisen.

Das Benützungsrecht eines Mieters ist aber auch ohne ausdrücklich vereinbarte Hausordnung dadurch beschränkt, dass andere Bewohner des Hauses nicht in ihren Rechten gestört werden dürfen (z.B. Nachtruhe – meist 22 Uhr abends bis 6 Uhr früh).

Erhaltungspflichten

Ihren Mieter treffen jedenfalls Wartungspflichten (§ 1098 ABGB). Es handelt sich hier um Maßnahmen, die noch nicht als Reparatur gelten und ohne größeren Aufwand vorgenommen werden können (Reinigungs- und

Überprüfungsarbeiten). Ihr Mieter hat z.B. darauf zu achten, dass Armaturen dicht sind und die WC-Spülung nicht ständig rinnt. Ihr Mieter hat auch dafür zu sorgen, dass mitvermietete Geräte wie Heizthermen oder Warmwasserboiler im erforderlichen Ausmaß gewartet werden. Das Ausmalen der Wände gilt hingegen als „Verschönerungsarbeit", die weder zu den Wartungspflichten eines Mieters noch zu den Erhaltungspflichten eines Vermieters gehört. Für schuldhaft verursachte Schäden haftet Ihnen der Mieter nach den Regeln des Schadenersatzrechtes.

Darüber hinaus sieht § 1096 ABGB eine umfassende Erhaltungspflicht des Vermieters für die Wohnung vor. Diese Bestimmung stellt nur teilweise sogenanntes „zwingendes Recht" dar. Bei „privaten" Vermietungen, für die weder das Konsumentenschutzgesetz noch Mietzinsobergrenzen gelten, stellt sich daher die Frage, inwieweit Sie als Vermieter Teile Ihrer umfassenden Erhaltungspflicht vertraglich ausschließen oder auf den Mieter überwälzen dürfen.

Seit der Wohnrechtsnovelle 2015 gilt in diesem Bereich für die Erhaltung von mitvermieteten Heizthermen, Warmwasserboilern oder sonstigen mitvermieteten Wärmebereitungsgeräten zwingendes Recht (Artikel 4 der WRN 2015). Seither sind also Sie als Vermieter verpflichtet, ein solches bei Anmietung vorhandenes Gerät auf Ihre Kosten zu reparieren bzw. zu erneuern, falls es durch gewöhnliche Abnutzung (ohne Verschulden Ihres Mieters) defekt geworden ist. Anderslautende Vertragsklauseln sind unwirksam. Diese Regelung (WRN 2015) gilt auch für Mietverträge, die

Erhaltung

Eine Neubaueigentumswohnung soll vermietet werden. Damit der Vermieter nicht für jede Kleinigkeit im Wohnungsinneren zuständig ist, wird seine umfassende gesetzliche Erhaltungspflicht vertraglich modifiziert. Die Vertragsklausel lautet: „Abweichend von § 1096 ABGB ist die Erhaltungspflicht des Vermieters für das Wohnungsinnere nur gegeben, wenn ein ernster Schaden im Sinne des MRG vorliegt oder droht oder wenn eine Reparatur bzw. Erneuerung der Anlagen für Beheizung und Warmwasseraufbereitung (Heiztherme, Boiler) trotz ordnungsgemäßer Wartung durch den Mieter infolge gewöhnlicher Abnutzung erforderlich wird. Ansonsten wird die Erhaltungspflicht des Vermieters für das Wohnungsinnere zur Gänze ausgeschlossen.

vor 1.1.2015 abgeschlossen wurden. Ist jetzt eine Reparatur am Gerät notwendig, sind Sie als Vermieter zur Behebung verpflichtet. Sachverhalte, die bereits vor dem 1.1.2015 abgeschlossen waren, werden von der Neuregelung nicht erfasst. Das bedeutet, dass Ihr Mieter Ihnen gegenüber keinen Anspruch auf Kostenersatz für „notwendigen Aufwand" (► Seite 72) hat, wenn er eine Heiztherme bereits früher auf eigene Kosten repariert oder erneuert hatte.

Nachdem § 1096 ABGB nicht zur Gänze „zwingendes Recht" darstellt, war es in der Vergangenheit oft Praxis, Erhaltungspflichten des Vermieters vertraglich auf den Mieter zu überwälzen. Vom Obersten Gerichtshof wurde inzwischen aber klar ausgesprochen, dass – zumindest bei Formularmietverträgen – eine vertragliche Ausdehnung der gesetzlichen Wartungspflichten des Mieters nicht zulässig (weil „gröblich benachteiligend" i.S. des § 879 Abs. 3 ABGB) ist, außer die vertragliche Gestaltung sieht an anderer Stelle eine ausgleichende Begünstigung des Mieters vor. Entscheidend ist bei solchen Klauseln also immer das Gesamtbild. Auch gesetzliche Bestimmungen, die an sich nicht „zwingendes Recht" darstellen, sollen nicht einseitig zum Nachteil des „schwächeren" Vertragspartners vertraglich abgeändert werden können.

Gröblich benachteiligende Klauseln sind unwirksam

Das Verbot der gröblichen Benachteiligung gilt jedenfalls für Formularmietverträge. Das sind nicht nur Vertragsvordrucke, die massenweise in Verwendung stehen, sondern auch Computermietverträge, wenn ihre Verwendung für mehr als bloß eine Vermietung beabsichtigt ist (auch wenn sie im Einzelfall bei den Vermietungen individualisiert werden). Nach der Rechtsprechung des Obersten Gerichtshofes können vom Verbot der gröblichen Benachteiligung sogar Individualverträge (der Vertragstext wird extra für eine einzige Vermietung erstellt) erfasst sein.

Mitvermietete Einrichtungsgegenstände

Für gemeinsam mit einer Wohnung gemietete Einrichtungsgegenstände gelten dieselben Bestimmungen wie oben dargestellt. Die Gegenstände sind pfleglich zu gebrauchen und bei Ende des Mietverhältnisses unbeschädigt zurückzustellen. Bei übermäßiger Abnutzung bzw. Beschädigung wird der Mieter schadenersatzpflichtig.

Dies allerdings nur, wenn ein typischerweise überlegener Vertragspartner einem typischerweise unterlegenen Vertragspartner gegenübersteht.

Das Verbot der gröblichen Benachteiligung ist nicht nur bei der vertraglichen Ausdehnung von Mieterpflichten zu beachten, sondern auch bei der Einschränkung von Erhaltungspflichten des Vermieters. Dieser Bereich ist für die „private" Vermietung von Neubauwohnungen noch nicht ausjudiziert. Treten in der Wohnung sogenannte „ernste Schäden" auf (Wasserrohrbruch etc., ► Seite 84), so können Sie als vermietender Wohnungseigentümer die Behebung zumeist ohnehin an die Eigentümergemeinschaft (Hausverwaltung) delegieren. Umso mehr gilt das natürlich für die Behebung von Schäden an allgemeinen Teilen des Hauses (Außenfenster, Dach, Aufzug etc.), für die Sie als Vermieter Ihrem Mieter gegenüber ebenfalls einzustehen haben. Solche Einschränkungen der Erhaltungspflicht erscheinen daher nicht sachgerecht.

Der Umfang der den Mieter treffenden Wartungspflichten ist derzeit nicht exakt ausjudiziert. Wir empfehlen, dass Sie im Mietvertrag klarstellen, welche Erhaltungsarbeiten Sie übernehmen. Die Erhaltung allgemeiner Hausteile, die Behebung ernster Schäden und die Erhaltung von mitvermieteten Geräten zur Beheizung bzw. Warmwasserversorgung sollte jedenfalls Sache des Vermieters bleiben. Wenn Sie sich spätere Streitigkeiten darüber ersparen möchten, wer mitvermietete Geräte wie Waschmaschine etc. repariert oder erneuert, überlegen Sie, auch solche Geräte in Ihre Erhaltungspflicht zu nehmen. Schließen Sie eine darüber hinausreichende Erhaltungspflicht im Sinne des § 1096 ABGB aus.

Wesentliche Veränderungen in der Wohnung darf ein Mieter nur nach vorheriger Zustimmung des Vermieters vornehmen. Das ergibt sich aus dem Grundsatz, dass eine Wohnung bei Mietende in dem Zustand zurückzugeben ist, wie sie bei Anmietung übernommen worden ist. Als Vermieter können Sie Ihre Zustimmung zu geplanten wesentlichen Änderungen des Mieters verweigern oder Ihre Zustimmung von der Wiederherstellung des ursprünglichen Zustandes bei Vertragsende abhängig machen. Soll der geänderte Zustand (die Verbesserung) bei Vertragsende bestehen bleiben, ist die Frage des Aufwandersatzes (► Seite 72) zu klären. Eine Zustimmungserteilung sollte aus Beweiszwecken schriftlich erfolgen und die näheren Konditionen enthalten. Für unwesentliche Veränderungen in der Wohnung wie z.B. das Ausmalen der Wände muss ein

Informationen über Sanierung

Wenn in Ihrer Wohnung Arbeiten über Auftrag der Hausverwaltung durchgeführt werden müssen, klären Sie vorweg den Arbeitsablauf und den Zeitrahmen ab. Welche Handwerker kommen wann? Wenn Möbel zu verstellen oder Einbaumöbel abzubauen sind, ist abzuklären, wer diese Arbeiten macht. Wer kommt für die Reinigung auf? Bis wann sind die Arbeiten längstens abgeschlossen? Nur dann können Sie Ihren Mieter richtig informieren und spätere Streitigkeiten wegen unklarer Angaben verhindern.

Mieter die Zustimmung des Vermieters grundsätzlich nicht einholen. Ob solche unwesentlichen Veränderungen des Mieters bei Rückstellung der Wohnung wieder zu entfernen sind, hängt von ihrer Ortsüblichkeit ab. Eine schwarze Wandfarbe etwa wird nicht als ortsüblich gelten.

Wenn in der Wohnung gewisse Erhaltungs- oder Verbesserungsarbeiten durchzuführen sind, z.B. ein Fenstertausch nach einem Mehrheitsbeschluss der Wohnungseigentümer, hat Ihr Mieter diese Maßnahmen grundsätzlich zu dulden. Die Arbeiten sind aber unter möglichster Schonung des Mieters durchzuführen.

Eine dauernde Veränderung des Mietgegenstandes, etwa bei Leitungsführungen, muss Ihr Mieter dagegen nur unter bestimmten Voraussetzungen hinnehmen. Die wichtigste ist, dass es zu keiner wesentlichen oder dauernden Beeinträchtigung kommt. Können Sie sich bei diesen Angelegenheiten mit Ihrem Mieter nicht einigen, so muss nach Klagseinbringung vom Bezirksgericht geprüft werden, ob die Voraussetzungen für eine Duldungspflicht des Mieters vorliegen.

Mietzins

Für die Überlassung einer Wohnung im Rahmen eines Mietverhältnisses ist der vereinbarte Mietzins zu bezahlen. Werden keine besonderen Zahlungsmodalitäten vereinbart, muss der fällige Betrag am 5. des Monats bei Ihnen als Vermieter eingelangt sein.

Für Neubauwohnungen gelten keine Mietzinsobergrenzen

Die Mietzinsobergrenzen des MRG gelten für Neubauwohnungen nicht. Der Mietzins kann hier frei vereinbart werden. Bei geförderten Eigentumswohnungen können sich Einschränkungen hinsichtlich der zulässigen Mietzinshöhe jedoch aufgrund von förderungsrechtlichen Bestimmungen ergeben.

Der Gesamtmietzins (Bruttomietzins) umfasst grundsätzlich:

- den Hauptmietzins für die (möblierte) Überlassung der Wohnung
- den Betriebskostenanteil für die laufenden Aufwendungen des Hauses
- das Entgelt für sonstige Leistungen (z.B. Heizungskosten)
- die Umsatzsteuer (Mehrwertsteuer), sofern Sie als Vermieter umsatzsteuerpflichtig sind (► Seite 78)

Pauschal oder gesondert

Beim Pauschalmietzins ersparen Sie sich die jährliche Rechnungslegung

Ob Sie den Gesamtmietzins als Pauschalbetrag oder die einzelnen Mietzinsbestandteile jeweils gesondert vereinbaren und die Überwälzung der Betriebskosten des Gebäudes variabel gestalten, bleibt Ihnen überlassen. Zumindest bei längerfristigen Mietverträgen empfehlen wir, die Betriebskosten als variablen Mietzinsbestandteil („in jeweiliger Höhe") in den Mietvertrag aufzunehmen, weil die Betriebskosten im Regelfall schneller steigen als die Inflationsrate. Bei einer Pauschalmietzinsvereinbarung mit Wertsicherung auf Basis der Inflationsrate würde daher der Anteil, der Ihnen nach Abzug der Betriebskosten verbleibt, immer geringer. Eine

Beauftragung der Hausverwaltung

Eine mit der Verwaltung einer Eigentumswohnungsanlage betraute (professionelle) Hausverwaltung ist grundsätzlich nicht dafür zuständig, sich bei vermieteten Eigentumswohnungen um das Mietzinsinkasso zu kümmern. Dazu wäre eine gesonderte Vereinbarung (Auftragserteilung) zwischen dem vermietenden Wohnungseigentümer und der bestellten Hausverwaltung erforderlich.

variable Gestaltung des Mietzinses verpflichtet Sie aber auch zur jährlichen Abrechnung der Betriebskosten gegenüber Ihrem Mieter. Ergibt die Jahresabrechnung ein Guthaben, ist dieses dem Mieter auszubezahlen. Ein Fehlbetrag kann vom Mieter eingefordert werden. Wird ein Pauschalmietzins vereinbart, ersparen Sie sich die jährliche Rechnungslegung. Bei befristeten Verträgen mit relativ kurzer Laufzeit (Drei- bis Fünfjahresverträge) ist die Vereinbarung eines Pauschalmietzinses daher durchaus sinnvoll.

Um den Hauptmietzins den Veränderungen des Geldwertes anpassen zu können, muss eine Wertsicherungsklausel vertraglich vereinbart werden. Derartige Klauseln sind zulässig und gebräuchlich. Eine automatische Wertsicherung einmal vereinbarter Mietzinse gibt es hingegen nicht.

Falls die Betriebskostenüberwälzung variabel vereinbart wurde, sehen diese Klauseln zumeist vor, dass sich der Pauschalmietzins bzw. der Hauptmietzins im selben Ausmaß ändern soll wie der Verbraucherpreisindex (VPI), dass aber Änderungen des Verbraucherpreisindex außer Betracht bleiben sollen, solange dadurch nicht eine gewisse Schwelle (Änderung des VPI um 5 Prozent oder 10 Prozent) überschritten wird (► Seite 64). Eine vereinbarte Wertsicherung kann auch bis zu drei Jahre rückwirkend geltend gemacht werden, wenn Sie als Vermieter zunächst darauf vergessen haben.

Betriebskosten

Verträge für Wohnungsbetriebskosten sollten auf den Namen Ihres Mieters lauten

Wichtig ist, dass die Mietzinsvereinbarung so gestaltet ist, dass daraus klar hervorgeht, was im vereinbarten Betrag enthalten ist und was nicht. Die sogenannten Wohnungsbetriebskosten (Gas, Strom, Telefon etc.) sollten im vereinbarten Mietzins nicht enthalten sein, sondern besser vom Mieter direkt an das jeweilige Versorgungsunternehmen gezahlt werden. Sorgen Sie dafür, dass die entsprechenden Bezugsverträge auf den Namen Ihres Mieters lauten. Falls es hier zu Zahlungsrückständen kommt, haftet dem jeweiligen Versorgungsunternehmen dann der Mieter und nicht der Vermieter.

Reparaturrücklage

Die laufenden Aufwendungen für das Gebäude, die einem Wohnungseigentümer von der Hausverwaltung monatlich zur Bezahlung vorgeschrieben werden, umfassen neben den typischen Hausbetriebskosten (► Seite 104) in aller Regel auch Beiträge für die Reparaturrücklage. Bei diesen Rücklagenzahlungen, deren Höhe je nach Erhaltungsbedarf am Gebäude grundsätzlich von der Mehrheit der Wohnungseigentümer festgelegt wird, handelt es sich nicht um Betriebskosten des Gebäudes im eigentlichen Sinn. Werden diese Rücklagenzahlungen auf den Mieter überwälzt, führt das in der Praxis oft zu Streitigkeiten zwischen Vermieter und Mieter, spätestens dann, wenn die Reparaturrücklage aufgestockt werden muss. Sieht die mietvertragliche Gestaltung vor, dass Ihr Mieter neben dem Hauptmietzins „die jeweiligen Betriebskosten des Gebäudes" zu bezahlen hat, ist die Überwälzung von Rücklagenzahlungen im Zweifel davon nicht erfasst.

Die Reparaturrücklage ist Vermietersache

Der Betriebskostenkatalog des MRG gilt für Neubaueigentumswohnungen nicht unmittelbar. Durch geeignete vertragliche Gestaltung wäre theoretisch auch die Überwälzung der Rücklagenzahlungen in jeweiliger

Kostenüberwälzung unzulässig

Eine Eigentumswohnung wird vermietet. Im schriftlichen Mietvertrag steht, dass der Mieter monatlich den wertgesicherten Hauptmietzins von 400 Euro zuzüglich der anteiligen Betriebskosten des Gebäudes in jeweiliger Höhe – bei Mietbeginn 96 Euro – zu bezahlen hat. In diesem Betrag ist neben den Hausbetriebskosten auch der Beitrag für die Reparaturrücklage des Gebäudes in Höhe von 18 Euro enthalten. Wenige Monate nach der Vermietung werden die bisher sehr niedrigen Rücklagenzahlungen auf das Doppelte angehoben, da in absehbarer Zeit größere Instandsetzungsarbeiten am Gebäude nötig sind. Von der Hausverwaltung werden dem Wohnungsbesitzer daher jetzt 36 Euro an Rücklagenzahlung vorgeschrieben, insgesamt 114 Euro. Der Vermieter darf diese Erhöhung nicht weitergeben. Für seinen Mieter war in unserem Beispiel bei Anmietung nicht erkennbar, dass mit den „anteiligen Betriebskosten des Gebäudes in jeweiliger Höhe" auch die Rücklagenzahlungen gemeint waren.

Rücklage ausgenommen

Frau Meier vermietet Ihre 60 Quadratmeter große Eigentumswohnung auf zehn Jahre befristet. Im schriftlichen Mietvertrag wird vereinbart, dass der Mieter monatlich den wertgesicherten Hauptmietzins von 440 Euro zuzüglich der laufenden Aufwendungen für das Gebäude in ihrer jeweiligen Höhe zu bezahlen hat – bei Mietbeginn 78 Euro –, jedoch mit Ausnahme der Zahlungen für die Reparaturrücklage.

Höhe auf den Mieter möglich, falls der Vermieter bei Vertragsabschluss seine Aufklärungspflichten nicht verletzt. Derartige Vertragsklauseln sind aber unüblich und erscheinen uns auch sachlich nicht gerechtfertigt.

Der Erhaltungsbedarf eines Gebäudes und die Höhe einer bestehenden Reparaturrücklage sind für einen Mieter bei Anmietung zumeist nicht erkennbar. Außerdem zahlt der Mieter für den Gebrauch der Wohnung ohnehin den Hauptmietzins. Spätere Erhöhungen des Mietzinses wegen geänderter Rücklagenzahlungen kommen für einen Mieter fast immer unerwartet und sorgen für entsprechenden Unmut. Wenn Ihnen als Vermieter daran gelegen ist, spätere Streitigkeiten oder ein vorzeitiges „Abspringen" des Mieters zu vermeiden, sollten Sie den Hauptmietzins daher so bemessen, dass die zu erwartenden Rücklagenzahlungen bereits darin enthalten sind und die Mietzinsvereinbarung nur hinsichtlich der wirklichen Betriebskosten des Gebäudes variabel gestaltet ist.

Befristung und Beendigung

Für alle Eigentumswohnungen gelten dieselben Befristungsregeln

Auf die Grundsätze und Unterschiede zwischen befristeten und unbefristeten Mietverhältnissen sind wir bereits eingegangen (► Seite 16). Für Eigentumswohnungen im Teilanwendungsbereich des MRG gelten für Befristungen und für die Beendigung des Mietverhältnisses dieselben Regelungen wie für Eigentumswohnungen im Vollanwendungsbereich des MRG (► Seite 82).

Daher hier nur kurz das Wichtigste: Mietverträge über Eigentumswohnungen unterliegen dem gesetzlichen Kündigungsschutz (§ 30 MRG), weshalb sie in aller Regel nur befristet abgeschlossen werden. Um eine Befristung wirksam zu vereinbaren, müssen folgende Voraussetzungen erfüllt sein:

- Die Vereinbarung muss schriftlich erfolgen.
- Sie muss die Bestimmung enthalten, dass das Mietverhältnis durch Zeitablauf zu einem bestimmten Termin ohne Kündigung endet (unbedingter Endtermin).
- Die Vertragsdauer muss bei Wohnungen, auch bei jeder Vertragsverlängerung, zumindest drei Jahre betragen (Mindestvertragsdauer).

Bei Vermietung zu anderen als Wohnzwecken, z.B. Büro etc., gibt es keine Mindestvertragsdauer. Das Schriftformerfordernis gilt aber auch hier.

Seit 2000 gibt es keine Höchstdauer für die Befristung von Wohnungsmietverträgen mehr. Es kann beispielsweise von vornherein ein Mietvertrag mit einer zwanzigjährigen Vertragsdauer abgeschlossen werden, oder man macht vier Mietverträge mit je fünfjähriger Vertragsdauer. Nur die Mindestvertragsdauer von drei Jahren und die Schriftlichkeit ist einzuhalten – auch bei jeder Verlängerung. Auf den Entfall der Höchstdauer wird deshalb besonders verwiesen, weil sich in der Öffentlichkeit hartnäckig das Gerücht hält, ein fünf (bzw. zehn) Jahre übersteigendes befristetes Mietverhältnis würde automatisch zu einem unbefristeten Mietvertrag führen.

Eine Befristung muss auf mindestens 3 Jahre lauten

Vertragliche Befristungsvereinbarungen, die die angeführten Punkte nicht erfüllen, z.B. eine nur zweijährige Mietdauer, führen zu einer Unwirksamkeit der Befristung. Das Mietverhältnis ist damit von Beginn an de facto ein unbefristetes Mietverhältnis.

Mögliche Befristungsklausel

„Das Mietverhältnis beginnt am 1. Februar 2019, wird auf die Dauer von fünf Jahren abgeschlossen und endet daher am 31. Jänner 2024, ohne dass es einer Aufkündigung bedarf."

Aufwandersatz

§ 1097 ABGB sieht für einen Mieter bei der sogenannten Geschäftsführung im Notfall (z.B. Maßnahmen bei einem Brand) und bei der nützlichen Geschäftsführung (z.B. Wohnungsrenovierung, wodurch der Wert der Wohnung steigt) grundsätzlich einen Aufwandersatzanspruch vor. Näheres dazu finden Sie auf ► Seite 72.

Unterlassen Sie die rechtzeitige Geltendmachung der Beendigung des Mietvertrages und bleibt Ihr Mieter in der Wohnung, so wird der Mietvertrag einmalig um drei Jahre erneuert. Wird der Mietvertrag nach diesen drei Jahren neuerlich nicht aufgelöst oder eine schriftliche Verlängerungsvereinbarung getroffen, so wandelt sich der Mietvertrag in einen solchen auf unbestimmte Zeit.

Befristete Mietverhältnisse über Eigentumswohnungen können von Ihnen als Vermieter vorzeitig beendet werden, wenn die Voraussetzungen des § 1118 ABGB vorliegen, also z.B. ein sogenannter „qualifizierter Mietzinsrückstand" (► Seite 32). Die Kündigungsmöglichkeiten des § 30 MRG (Eigenbedarf etc.) bestehen für den Vermieter bei befristeten Mietverhältnissen jedoch nur, wenn dies ausdrücklich im Mietvertrag vereinbart worden ist. Der Mieter Ihrer Eigentumswohnung kann das befristete Mietverhältnis jedenfalls nach Ablauf eines Jahres der Mietdauer unter Einhaltung einer dreimonatigen Frist ohne Angabe von Gründen kündigen. Die Beendigungsmöglichkeiten werden im Kapitel „Die vermietete Altbaueigentumswohnung" detailliert dargestellt. Es gelten hier dieselben Regelungen wie für Neubaueigentumswohnungen.

Eintrittsrecht

Eintrittsberechtigte nach Tod des Mieters

Durch den Tod des Mieters wird das Mietverhältnis nicht aufgelöst! Folgende Personen – sogenannte Eintrittsberechtigte – treten gemäß § 14 MRG in das Mietverhältnis ein, sofern sie ein dringendes Wohnbedürfnis haben und schon bisher im gemeinsamen Haushalt mit dem Verstorbenen gewohnt haben:

- Ehegatte, eingetragener Partner, Geschwister, Verwandte in gerader Linie (Eltern, Kinder, Enkel, Wahlkinder). Eine Mindestdauer des gemeinsamen Haushalts ist dabei nicht erforderlich.
- Lebensgefährte, auch gleichgeschlechtlicher. Als Lebensgefährte gilt, wer mindestens drei Jahre vor dem Tod des Mieters in dessen Wohnung in Haushaltsgemeinschaft gelebt hat, die in wirtschaftlicher Hinsicht einer Ehe gleichzusetzen ist. Weniger als drei Jahre genügen dann, wenn die Wohnung gemeinsam bezogen wurde.

Gibt es mehrere Eintrittsberechtigte; werden sie alle zu Hauptmietern der Wohnung

Gibt es mehrere Personen, die diese Voraussetzungen erfüllen, etwa Ehegatte und Kinder, so treten sie gemeinsam in das Mietverhältnis ein. Es gibt daher zukünftig mehrere Hauptmieter dieser Wohnung. Gibt es keine Eintrittsberechtigten oder verzichten alle Eintrittsberechtigten auf die Fortsetzung des Mietverhältnisses, so geht dieses auf die Verlassenschaft des Verstorbenen über. Nur in diesem Fall steht Ihnen als Vermieter ein Kündigungsrecht zu (§ 1116a ABGB, ein Monat Kündigungsfrist).

Wollen die Eintrittsberechtigten die Wohnung nicht weiter nutzen, müssen sie dies binnen 14 Tagen nach dem Todesfall Ihnen als Vermieter bekannt geben. Sonst wird der Mietrechtseintritt automatisch vollzogen und damit auch die Haftung für Mietzins und Verbindlichkeiten, die während der Mietzeit des verstorbenen Mieters entstanden sind.

Aufgrund dieser gesetzlichen Bestimmung ist daher für den Eintritt in das Mietverhältnis weder ein Anerkennen durch Sie als Vermieter noch der Neuabschluss eines Mietvertrages erforderlich.

Das vermietete Einfamilienhaus

Hier kommt das Mietrechtsgesetz (MRG) nicht zur Anwendung. Das bedeutet: freie Mietzinsbildung, keinerlei Beschränkungen bei Befristungen, weitreichende vertragliche Gestaltungsfreiheit.

Kein Geltungsbereich des MRG

Die folgenden Mietverhältnisse sind vom Geltungsbereich des Mietrechtsgesetzes zur Gänze ausgenommen:

- Mietverträge über Wohnungen in einem Gebäude mit nicht mehr als zwei Mietgegenständen. Wurde das Dachgeschoß erst nach der Hauserrichtung ausgebaut und dadurch ein weiterer Mietgegenstand geschaffen, so bleibt es trotzdem bei dieser Ausnahme. Der häufigste Fall sind Ein- und Zweifamilienhäuser.
- Mietverträge mit höchstens sechsmonatiger Dauer über Wohnungen der Ausstattungskategorie A oder B, die zur Nutzung als Zweitwohnungen aus beruflichen Gründen wegen vorübergehenden Ortswechsels angemietet werden, wobei dieser Zweck schriftlich festgehalten wird. Auf das Baualter des Hauses oder die Anzahl der Wohnungen im Haus kommt es hier nicht an. Diese Kurzzeitverträge sind hauptsächlich für Personen aus internationalen Organisationen und aus dem Kulturbereich gedacht.

Reihenhausanlagen und Doppelhäuser

Reihenhäuser sollten nur befristet vermietet werden

Bei Reihenhäusern handelt es sich um mehrere Gebäude, die in fortlaufender Reihe untereinander verbunden sind und über gemeinsame Zwischen- und Brandwände verfügen. An diesen Objekten ist oft, aber nicht immer, Wohnungseigentum begründet. Sie werden im Regelfall wie „Einfamilienhäuser" genutzt. Ob für derartige Reihenhäuser allerdings die Ausnahme vom Mietrechtsgesetz als „Einfamilienhaus" anwendbar ist, das ist gesetzlich nicht klar geregelt und gibt es nur wenig Judikatur dazu. Liegt diese Ausnahme nicht vor, ist je nach Baualter, Rechtsform und Verwendung von Wohnbauförderungsmitteln das Mietrechtsgesetz zur Gänze (wie bei „Altbaueigentumswohnungen") oder nur zum Teil (wie bei „Neubaueigentumswohnungen") anwendbar. Damit bei der Vermietung hier keine Probleme auftreten, raten wir Ihnen, sicherheitshalber nur befristet zu vermieten. Die Befristung muss dann, wie im Mietrechtsgesetz vorgesehen, jeweils auf zumindest drei Jahre erfolgen. Das gilt es auch zu beachten, wenn mehrere Doppelhäuser auf einer Liegenschaft stehen.

Altverträge

Vorsicht: Wird ein vor 31.12.2001 abgeschlossener Mietvertrag über ein Ein- oder Zweifamilienhaus bloß verlängert, gilt die damals bestehende Rechtslage weiter. Befristete Verlängerungen können damit nur schriftlich erfolgen und müssen auf mindestens drei Jahre erfolgen. Das Mietverhältnis unterliegt dem Kündigungsschutz des MRG und im Todesfall des Mieters gilt für nahe Angehörige, die mit diesem im gemeinsamen Haushalt gelebt haben, das Eintrittsrecht des § 14 MRG. Für solche vermieteten Einfamilienhäuser gilt also im Wesentlichen das, was im Kapitel für Neubaueigentumswohnungen (Teilanwendungsbereich MRG) dargestellt ist.

- Mietverträge über Wohnungen, die als Zweitwohnungen zur Erholung oder Freizeitgestaltung gemietet werden, egal mit welcher Vertragsdauer. Auch hier sind das Baualter und die Anzahl der Wohnungen unbeachtlich. Diese Ausnahme ist für echte Freizeit-Zweitwohnungen gedacht.

Benützung und Erhaltung

Bei Ein- und Zweifamilienhäusern gilt nicht das MRG, sondern das ABGB

Da das MRG hier nicht gilt, kommen die grundsätzlichen Regelungen des ABGB zum Einsatz. Für diesen Bereich lauten sie:

- Der Vermieter ist verpflichtet, das Bestandobjekt auf eigene Kosten in brauchbarem Zustand zu übergeben und zu erhalten und den Mieter im vereinbarten Gebrauch nicht zu stören (§ 1096 ABGB).
- Werden Ausbesserungen nötig, die dem Vermieter obliegen, so ist der Mieter bei sonstigem Schadenersatz verpflichtet, dem Vermieter ohne Verzug Anzeige zu machen (§ 1097 ABGB).
- Der Mieter ist verpflichtet, das Bestandobjekt in dem Zustand zurückzustellen, wie er es übernommen hat (§ 1109 ABGB).

Die erste Bestimmung normiert eine umfassende Erhaltungspflicht des Vermieters, sowohl das Gebäude selbst als auch das Innere des Mietobjektes betreffend. Aus der Rückstellungsverpflichtung des Mieters – „in dem Zustand, wie er es übernommen hat“ – ergibt sich das Verbot, wesentliche Änderungen im Mietgegenstand (Grundrissänderung, Sanitär-, Heizungseinbauten etc.) eigenmächtig vorzunehmen. Der „gleiche Zustand“ ist allerdings mit der Einschränkung zu verstehen, dass die durch den vertragsgemäßen Gebrauch bewirkte gewöhnliche Abnützung außer Betracht bleibt (► Seite 71).

Diese allgemeinen Regeln stellen dispositives (nachgiebiges) Recht dar, das durch vertragliche Gestaltung in einem gewissen Rahmen abgeändert werden kann. Grenzen findet die Vertragsfreiheit auch bei „privaten“ Vermietungen (für die weder das Konsumentenschutzgesetz noch die gesetzlichen Mietzinsobergrenzen gelten) vor allem durch das Verbot der „gröblichen Benachteiligung“ eines Vertragspartners (§ 879 Abs. 3 ABGB). Ihren Mieter treffen gesetzliche Wartungspflichten (§ 1098 ABGB). Es handelt sich hier um Maßnahmen, die noch nicht als Reparatur gelten und ohne größeren Aufwand vorgenommen werden können (Reinigungs- und Überprüfungsarbeiten). Ihr Mieter hat z.B. darauf zu achten, dass Armaturen dicht sind und die WC-Spülung nicht ständig rinnt. Ihr Mieter hat grundsätzlich auch dafür zu sorgen, dass mitvermietete Geräte wie Heizthermen oder Warmwasserboiler im erforderlichen Ausmaß gewartet werden. Für schuldhaft verursachte Schäden haftet Ihnen der Mieter nach den Regeln des Schadenersatzrechtes. Das Ausmalen der Wände gilt als „Verschönerungsarbeit“, die weder zu den Wartungspflichten eines Mieters noch zu den Erhaltungspflichten eines Vermieters gehört (► Seite 71).

Regeln Sie vertraglich, wer für welche Erhaltungsarbeiten zuständig ist

Vom Obersten Gerichtshof wurde inzwischen ausgesprochen, dass – zumindest bei Formularmietverträgen – eine vertragliche Ausdehnung der gesetzlichen Wartungspflichten des Mieters nicht zulässig (weil „gröblich benachteiligend“ i.S. des § 879 Abs. 3 ABGB) ist, wenn die vertragliche Gestaltung nicht an anderer Stelle eine ausgleichende Begünstigung für den Mieter vorsieht. Entscheidend ist bei solchen Klauseln also immer das Gesamtbild. Auch gesetzliche Bestimmungen, die an sich nicht „zwingendes Recht“ darstellen, sollen nicht einseitig zum Nachteil des „schwächeren“ Vertragspartners vertraglich abgeändert werden können.

Das Verbot der gröblichen Benachteiligung gilt jedenfalls für Formularmietverträge. Das sind nicht nur Vertragsvordrucke, die massenweise in Verwendung stehen, sondern auch Computermietverträge, wenn ihre Verwendung für mehr als bloß eine Vermietung beabsichtigt ist (auch wenn sie im Einzelfall bei den Vermietungen individualisiert werden). Nach dem Obersten Gerichtshof können vom Verbot der gröblichen Benachteiligung sogar Individualverträge (der Vertragstext wird extra für eine einzige Vermietung erstellt) erfasst sein. Dies allerdings nur, wenn ein typischerweise überlegener Vertragspartner einem typischerweise unterlegenen Vertragspartner gegenübersteht. Das Verbot der gröblichen Benachteiligung ist nicht nur bei der vertraglichen Ausdehnung von Mieterpflichten zu beachten, sondern auch bei der Einschränkung von Erhaltungspflichten des Vermieters.

Die Behebung sogenannter „ernster Schäden" im Haus (▶ Seite 84) sollte bei Vermietung zu ortsüblichem Mietzins ebenso Sache des Vermieters bleiben wie die Behebung von Schäden am Gebäude selbst (z.B. Fassade, Außenfenster und -türen, Dach). Klare Regelungen sollten auch hinsichtlich der in den Mauern geführten Ver- und Entsorgungsleitungen getroffen werden. Berücksichtigen Sie eine mögliche Versicherungsdeckung. Diese sollte im Fall einer Vermietung überprüft werden und auch die Schadensbehebung nach Wasserrohrbrüchen umfassen; in einem erweiterten Versicherungsumfang auch jene von Ablaufgebrechen. Dann macht es keinen Sinn, die Behebung derartiger Schäden auf Ihren Mieter zu überwälzen.

Auch die Heizungs- und Warmwasseranlage sollte bedacht werden. Der vertragliche Hinweis, dass Ihr Mieter für die Wartung dieser Geräte im erforderlichen Ausmaß zu sorgen hat, kann nicht schaden. Diesbezüglich eine weiter reichende Erhaltungspflicht des Mieters vertraglich zu begründen, wird wohl nur als Ausgleich bei einem sehr geringen laufenden Mietzins in Betracht kommen; oder wenn für den Mieter ein entsprechender Aufwandersatz bei Mietende vereinbart wird.

Wollen Sie sich spätere Streitigkeiten darüber ersparen, wer sonstige mitvermietete Geräte wie Waschmaschine etc. repariert oder erneuert, belassen Sie am besten auch diese Geräte in Ihrer Erhaltungspflicht; oder vermieten Sie weitgehend ohne Geräte. Zählen Sie im Mietvertrag auf, was alles in Ihre Erhaltungspflicht fällt, und schließen Sie eine darüber hinausreichende Erhaltungspflicht im Sinne des § 1096 ABGB aus.

Garten

Bei der Gartenbenutzung können Sie alles erlauben – oder verbieten

Besonders bei einem Einfamilienhaus wird im Regelfall auch ein Garten mitvermietet. Die Gartennutzung und -pflege sollte daher vertraglich geregelt werden. Neben der regelmäßigen Pflege (Rasenmähen, Bewässern etc.) stellt sich hier auch die Frage, ob und wenn ja welche Veränderungen der Mieter vornehmen darf, z.B. durch Neubepflanzungen. Sie können Ihrem Mieter bei der Gartennutzung alles freistellen oder praktisch jede Veränderung untersagen.

Letzteres erscheint uns aber in der Praxis zu sehr einschränkend. Eine Grenzziehung erscheint uns dort sinnvoll, wo es um größere mehrjährige Gewächse geht. Die Entfernung vorhandener oder Bepflanzung mit neuen Bäumen oder Buschreihen durch den Mieter sollten Sie von Ihrer jeweiligen Zustimmung abhängig machen, wenn Sie auf die Gestaltung des Gartens weiterhin Einfluss nehmen wollen. Haben Sie Obstbäume im Garten, deren Früchte Sie sich sichern wollen, sollten Sie auch diesen Umstand in den Mietvertrag aufnehmen. Aber auch in so einem Fall steht es Ihnen als Vermieter nicht frei, das vermietete Grundstück immer und jederzeit zu betreten. Dazu ist eine Absprache mit dem Mieter erforderlich.

Die meisten Gärten haben eine Umzäunung, die zumindest in mehrjährigen Abständen auch gewartet bzw. gestrichen werden muss. Bedenken Sie auch diese Arbeiten, insbesondere bei Abschluss eines auf längere Dauer vorgesehenen Mietvertrages.

Schneeräumung

Nach den Bestimmungen der Straßenverkehrsordnung sind Sie als Liegenschaftseigentümer verpflichtet, den Gehsteig vor Ihrer Liegenschaft im Winter vom Schnee zu säubern und bei Glatteis Sicherungsmaßnahmen zu ergreifen (Streupflicht). Wenn Sie nicht selbst in Ihrem Haus wohnen, um bei Schneefall vor Ort zu sein, werden Sie diese Aufgabe entweder einem Dritten, z.B. einer Schneeräumfirma, oder Ihrem Mieter übertragen. Eine derartige Übertragung auf den Mieter ist zulässig, wenn sie bei der Mietzinsgestaltung entsprechend berücksichtigt wird.

Trotzdem müssen Sie im Winter überprüfen, ob Ihr Mieter dieser übernommenen Verpflichtung auch tatsächlich nachkommt. Andernfalls kann es nach einem Unfall, z.B. Beinbruch eines Passanten bei Glatteis, passieren, dass trotz der Übertragung der Schneeräumverpflichtung auf Ihren Mieter nur Sie zur alleinigen Haftung nach diesem Unfall herangezogen werden! Erklärt Ihnen Ihr Mietinteressent bei den Vertragsverhandlungen, dass er beruflich viel unterwegs ist, wird er wohl nicht zur Übernahme der Schneeräumverpflichtung geeignet sein.

Auch wenn Ihr Mieter Schnee räumt: Die Haftung liegt bei Ihnen

Veränderungen durch den Mieter

Veränderungen durch den Mieter bedürfen prinzipiell der Zustimmung des Vermieters. Das ergibt sich aus dem Grundsatz, dass das Haus bei Mietende in dem Zustand zurückzugeben ist, wie es bei Anmietung übernommen wurde.

Als Vermieter können Sie Ihre Zustimmung zu vom Mieter geplanten baulichen Änderungen verweigern oder Ihre Zustimmung von der Wiederherstellung des ursprünglichen Zustandes bei Vertragsende abhängig machen. Soll der geänderte Zustand (die Verbesserung) des Einfamilienhauses bei Vertragsende bestehen bleiben, ist die Frage eines möglichen Aufwandersatzes (► Seite 72) zu klären.

Eine Zustimmungserteilung sollte aus Beweiszwecken schriftlich erfolgen und die näheren Konditionen enthalten. Besonders betreffend

Vermeidbarer Streit

Der Mieter hat in einem größeren Raum durch Aufstellen einer Zwischenwand zwei Kinderzimmer geschaffen. Der Vermieter hat dieser Veränderung zugestimmt, aber auch erklärt, dass er dafür keinen Aufwandersatz leisten wird. Über die Frage, ob diese Zwischenwand vor der Rückstellung des Hauses wieder zu entfernen ist, wurde nicht gesprochen. Anlässlich der Rückgabe des Hauses streiten sich dann Mieter und Vermieter über die Frage, ob die Zwischenwand zu entfernen ist oder nicht. Beide glauben, im Recht zu sein, weil sie sich „dunkel" daran erinnern, darüber seinerzeit gesprochen zu haben. Sie erinnern sich aber an Gegenteiliges.

die Frage, in welchem Zustand das Haus bei der Rückstellung sein soll, können damit Streitigkeiten vermieden werden.

Für unwesentliche Veränderungen braucht ein Mieter nicht um Erlaubnis zu fragen

Für unwesentliche Veränderungen im Einfamilienhaus, z.B. das Ausmalen der Wände, muss ein Mieter die Zustimmung des Vermieters grundsätzlich nicht einholen. Ob solche unwesentlichen Veränderungen des Mieters bei Rückstellung des Einfamilienhauses wieder zu entfernen sind, hängt vor allem von ihrer Ortsüblichkeit ab.

Mietzins und Betriebskosten

Das ABGB kennt keine Definition der Betriebskosten, sondern spricht nur allgemein von „Zins". Hier haben Sie eine weitreichende vertragliche Gestaltungsfreiheit. Es bestehen keine Mietzinsobergrenzen. Nur bei extrem hohem Mietzins kann für den Mieter eine Vertragsanfechtung bzw. -anpassung in Betracht kommen. Im Regelfall wird ein betraglich fixierter Zins zuzüglich der Übernahme von Grundbesitz- und Müllabgaben sowie der Wasser- und Abwassergebühren vereinbart. Manche

Klar und eindeutig

„Als Zins wird ein Betrag von 300 Euro monatlich vereinbart. Der Betrag ist im Vorhinein fällig und muss bis längstens 5. des Monats auf dem Konto des Vermieters eingelangt sein. Der Mietzins von 300 Euro wird wertgesichert vereinbart. Als Gradmesser für die Veränderung dient die Entwicklung des Verbraucherpreisindex 2015. Ausgangswert für die Berechnung der Wertsicherung ist der Monat des Vertragsabschlusses. Der Vermieter ist berechtigt, die Wertsicherungsdifferenzen für bis zu 36 Monate im Nachhinein vorzuschreiben. Neben dem erwähnten Zins von 300 Euro übernimmt der Mieter die Bezahlung der für die Liegenschaft vorgeschriebenen Grundbesitz- und Müllabgaben wie der Wasser- und Abwassergebühren. Sollten diese nicht im Wege der Direktverrechnung mit der Gemeinde bezahlt werden können, werden sie vom Vermieter einmal jährlich gesondert vorgeschrieben und sind binnen einem Monat zur Zahlung fällig."

Gemeinden (Abfallverbände etc.) erstellen die Gebührenvorschreibungen über Vermieterwunsch gleich auf den Namen des Mieters. Für den Fall der Nichtbezahlung durch Ihren Mieter sind Sie aber von Ihrer Haftung für die Abgabenentrichtung nicht befreit. Werden die Gebühren Ihnen als Liegenschaftseigentümer vorgeschrieben, können Sie diese auf den Mieter überwälzen, wenn kein Pauschalmietzins vereinbart ist.

Wertsicherung gibt es nur bei vertraglicher Vereinbarung

Den Mietzins selbst sollten Sie wertgesichert vereinbaren (Genaueres dazu ► Seite 64). Sollten Sie darauf vergessen haben: Die Wertsicherungsdifferenzen können bei Einfamilienhäusern bis zu drei Jahre (36 Monate) rückwirkend begehrt werden.

Energieversorgungs- und Telekommunikationsverträge sollte Ihr Mieter immer auf seinen eigenen Namen anmelden. So können Sie im Fall von Rückständen nicht zur Haftung herangezogen werden.

Der Mietzins kann natürlich für einzelne Perioden auch in unterschiedlicher Höhe vereinbart werden. Dies kann insbesondere dann angebracht sein, wenn ein Mieter umfangreiche Erhaltungsarbeiten auf eigene Kosten durchführen soll. In solch einem Fall kann für einige Monate ein geringerer Zins vereinbart werden.

Wichtig ist auch die Frage der Versicherung für Ihr Einfamilienhaus. Haben Sie selbst eine bestehende Versicherung für Ihr Haus, prüfen Sie den Versicherungsumfang. Insbesondere, in welchem Umfang die Versicherung auch bei der Vermietung Ihres Hauses Deckung bietet.

Zinsminderung bei Gegenleistung

Der Mieter hat sich im Mietvertrag verpflichtet, die Außenfenster binnen neun Monaten ab Mietbeginn zu erneuern. Dafür braucht er für neun Monate nur einen reduzierten Zins zu bezahlen.

Die Zinsvereinbarung könnte dann so aussehen: „Als Zins wird ein Betrag von 300 Euro monatlich vereinbart. Während der ersten neun Monate wird dieser Zins auf die Hälfte reduziert, sodass er nur 150 Euro beträgt. Kommt der Mieter hingegen seiner Verpflichtung, die Außenfenster binnen neun Monaten zu erneuern, nicht fristgerecht nach, ist der Differenzbetrag von 1.350 Euro im zehnten Monat auf einmal nachzuzahlen."

Befristung und Beendigung

Bei Einfamilienhäusern bestehen hierzu keinerlei Beschränkungen. Der Kündigungsschutz gilt nicht. Es können unbefristete und befristete Verträge, egal welcher Mietdauer, abgeschlossen werden. Es gibt auch keine Formvorschriften. Trotzdem empfehlen wir aus Beweisgründen, schriftliche Mietverträge abzuschließen.

Längere Kündigungsfristen von drei oder sechs Monaten sind empfehlenswert

Ein unbefristeter Vertrag über ein Einfamilienhaus kann von beiden Seiten ohne Angabe von Gründen unter Einhaltung der gesetzlichen Kündigungsfrist von einem Monat oder vertraglich vereinbarter längerer Fristen zu jedem Monatsletzten aufgekündigt werden. Dieser Umstand führt dazu, dass hier für beide Vertragspartner die geringste Sicherheit gegeben ist. Da die gesetzliche Kündigungsfrist von einem Monat sehr kurz ist, um eine neue Wohnmöglichkeit zu finden, empfehlen wir, vertraglich eine längere Kündigungsfrist zu vereinbaren, z.B. drei oder sechs Monate. Es können auch vom Gesetz abweichende Kündigungstermine vereinbart werden.

Ein befristeter Mietvertrag bindet dagegen beide Vertragspartner prinzipiell an die ursprünglich vereinbarte Mietdauer. Nur aus wichtigen Gründen (§ 1117 und § 1118 ABGB, ► Seite 32) kann einseitig eine vorzeitige Vertragsaufhebung begehrt werden. Zusätzlich kann aber auch bei befristeten Verträgen eine Kündigungsmöglichkeit aus bestimmten Gründen während der vorgesehenen Mietdauer vereinbart werden.

Die Vereinbarung einer Kündigungsmöglichkeit kann sowohl für Sie als Vermieter als auch für Ihren Mieter bei langfristigen Mietverträgen

Rechtzeitig

Unbefristeter Mietvertrag über ein Einfamilienhaus. Die Kündigungsklausel im Mietvertrag lautet: „Das Mietverhältnis kann von beiden Vertragsteilen unter Einhaltung einer sechsmonatigen Kündigungsfrist zu den Kündigungsterminen 30. Juni und 31. Dezember ohne Angabe von Gründen aufgekündigt werden." Um die Sechsmonatsfrist zu wahren, muss die Kündigung dem Vertragspartner bis spätestens 30. Juni bzw. bis spätestens 31. Dezember des Vorjahres (mindestens sechs Monate früher) zugekommen sein.

Bei Befristungen an Ausstiegsmöglichkeiten denken

wichtig sein. Auch wenn Sie Ihr Haus eigentlich nicht verkaufen wollen, kann sich in ein paar Jahren Ihre finanzielle Situation so verändert haben, dass Sie dringend Geld brauchen und das Haus verkaufen müssen. Oder Ihr Mieter muss aus beruflichen Gründen in eine andere Stadt übersiedeln. Ist keine entsprechende Kündigungsmöglichkeit vereinbart, besteht in beiden Fällen die grundsätzliche Verpflichtung zur Einhaltung der ursprünglich vereinbarten Mietzeit. Eine Beendigung wäre dann nur mit Einverständnis des Vertragspartners möglich.

Es ergeben sich daher die unterschiedlichsten Kombinationsmöglichkeiten aus den beiden Vertragstypen befristeter und unbefristeter Mietvertrag:

Unbefristet. Es wird ein unbefristeter Mietvertrag mit einem Kündigungsverzicht des Vermieters und des Mieters („Mindestvertragsdauer") abgeschlossen: „Das Mietverhältnis wird auf unbestimmte Zeit abgeschlossen. Innerhalb der ersten drei Jahre des Mietverhältnisses verzichtet der Vermieter und der Mieter auf eine Aufkündigung. Nach Ablauf der drei Jahre wird eine Kündigungsfrist von sechs Monaten vereinbart."

Befristet. Es wird ein befristeter Mietvertrag mit einer Kündigungsmöglichkeit aus bestimmten Gründen während der maximalen Vertragsdauer abgeschlossen: „Das Mietverhältnis beginnt am 1. Jänner 2019 und endet nach 10 Jahren am 31. Dezember 2028, ohne dass es einer Kündigung bedarf. Während der Vertragsdauer kann das Mietverhältnis vorzeitig unter Einhaltung einer dreimonatigen Kündigungsfrist zum Monatsletzten aus folgenden Gründen gekündigt werden." Anschließend sind die möglichen Kündigungsgründe anzuführen, etwa: von Mieterseite aus beruflichen Gründen (Ortswechsel) oder bei einer familiären Trennung, von Vermieterseite wegen Wohnbedarfs bei Familienzuwachs.

Welche der Varianten die Bessere ist, kann nur im Einzelfall entschieden werden. In die Überlegungen miteinzubeziehen sind die zeitlichen Wünsche der Vertragspartner:

- Soll möglichst lange vermietet werden oder geht es von vornherein nur um einen Zeitraum von ein oder zwei Jahren?

- Soll der Mieter bei Mietbeginn gleich einmal Reparaturen am Einfamilienhaus auf eigene Kosten vornehmen? In diesem Fall werden die Kosten kalkulatorisch auf einen bestimmten Mindestmietzeitraum umzulegen sein, da sonst der Mieter keine Sicherheit hat, dass er nicht nach Durchführung der Reparaturen gleich wieder gekündigt wird.

Vertragsende

Bei befristeten Mietverträgen ist keine gesonderte Aufkündigung notwendig

Befristete Mietverträge über Einfamilienhäuser enden im Regelfall durch Zeitablauf. Das heißt, es ist keine gesonderte Aufkündigung notwendig. Bleibt Ihr Mieter über den vereinbarten Zeitpunkt im Haus und nehmen Sie weiterhin den Mietzins an, so wandelt sich das ursprünglich befristete in ein unbefristetes Mietverhältnis. Da dieses dann aber ohne Angabe von Gründen unter Einhaltung der Kündigungsfrist gekündigt werden kann, erwachsen Ihnen bei einer derartigen Verlängerung keine besonderen Nachteile. Sie können aber natürlich auch ein neues befristetes Mietverhältnis vereinbaren.

Wollen Sie sichergehen, dass das Mietverhältnis zum vereinbarten Termin endet, können Sie vor Vertragsende einen gerichtlichen Übergabsauftrag (► Seite 31) beantragen. Ist dies nicht mehr möglich, so können Sie binnen 14 Tagen nach Vertragsende bei Gericht eine Räumungsklage wegen titelloser Benützung einbringen, wenn der Mieter das Einfamilienhaus nicht an Sie zurückstellt.

Kündigung

Unbefristete Mietverträge müssen aufgekündigt werden

Bei unbefristeten Verträgen bedarf es, wenn eine einvernehmliche Beendigung nicht möglich ist, einer Aufkündigung, um das Mietverhältnis zu beenden. Bei Einfamilienhäusern gibt es dafür keine gesetzlichen Formvorschriften. Die Aufkündigung muss auch nicht begründet werden, da der Kündigungsschutz des Mietrechtsgesetzes hier nicht gilt. Aus Beweisgründen empfiehlt es sich aber, die Kündigung schriftlich mit eingeschriebenem Brief oder Rückscheinbrief an den Vertragspartner zu senden. Räumt Ihr Mieter das Haus nicht zum vorgesehenen Zeitpunkt, so müssen Sie auch in diesem Fall vor Gericht mit einer Räumungsklage wegen titelloser Benützung vorgehen.

Eine Kündigung ist die Erklärung eines Vertragspartners, das Mietverhältnis zu einem bestimmten Termin beenden zu wollen. Sie muss dem anderen Vertragspartner fristgerecht zukommen. Unter welchen Voraussetzungen überhaupt eine Kündigungsmöglichkeit besteht, haben wir bereits beschrieben (► Seite 144). Die fristgerechte Kündigung bedeutet jetzt, dass die Aufkündigung dem Vertragspartner so zeitgerecht zukommen muss, dass ihm gegenüber die gesetzliche – bei vertraglich anderslautender Vereinbarung genau diese – Kündigungsfrist gewahrt bleibt.

Das heißt, Ihrem Vertragspartner muss nach Erhalt der Kündigung noch die volle Kündigungsfrist offenstehen. Kommt die Kündigung verspätet, so ist sie unwirksam. Sie wirkt auch nicht automatisch zum nächstmöglichen Kündigungstermin. Dies im Gegensatz zu verspäteten Kündigungen bei Eigentumswohnungen. Beim Einfamilienhaus muss daher eine gänzlich neue Kündigung ausgesprochen werden.

Für die Rechtzeitigkeit einer Kündigung ist das Einlangen beim Kündigungsgegner maßgeblich

Unwirksam, weil verspätet

Eine Wohnung in einem Zweifamilienhaus wurde unbefristet vermietet. Vertraglich wurde für beide Vertragspartner eine Kündigungsfrist von drei Monaten (zu jedem Monatsletzten) vereinbart. Der Vermieter möchte das Mietverhältnis beenden und schickt am 28.6.2018 einen eingeschriebenen Brief an seinen Mieter ab, in welchem er die Aufkündigung zum 30.9.2018 ausspricht. Erreicht das Kündigungsschreiben den Mieter erst am 1.7.2018, so ist die Aufkündigung wegen Verspätung unwirksam. Wirksam wird diese Kündigung nur, wenn der Mieter ausdrücklich zustimmt. Stimmt der Mieter der Vertragsbeendigung zum 30.9.2018 nicht zu, muss vom Vermieter neuerlich ein Kündigungsschreiben (mit späterem Kündigungstermin) abgeschickt werden.

Besondere Regelungen des ABGB

Anders als bei Eigentumswohnungen gibt es für vermietete Einfamilienhäuser besondere Regelungen. Wir haben hier die wichtigsten zusammengefasst.

Tod eines der Vertragspartner

Stirbt einer der Vertragspartner eines Mietvertrages über ein Einfamilienhaus, so wird das Mietverhältnis nicht aufgehoben, sondern geht auf dessen Erben über. Die Konditionen des Mietvertrages bleiben unverändert. Das heißt, die Mietzinshöhe, die Befristung und die übrigen Bedingungen bleiben gleich.

Wenn jedoch der Mieter stirbt und es sich um ein zu Wohnzwecken gemietetes Objekt handelt, so besteht sowohl für den Vermieter als auch für die Erben die Möglichkeit, das Mietverhältnis ungeachtet einer vertraglichen Befristung aufzukündigen. Die Kündigungsfrist beträgt einen Monat. Es gibt hier – anders als bei den Eigentumswohnungen – kein gesetzliches Eintrittsrecht für nahe Angehörige, die mit dem Verstorbenen im gemeinsamen Haushalt gewohnt haben.

Anders als bei Eigentumswohnungen gibt es bei gemieteten Häusern kein Eintrittsrecht für nahe Angehörige

Will Ihr Mietinteressent für einen derartigen Fall Vorsorge treffen, z.B. dafür, dass bei seinem Tod das Mietverhältnis auf seine Gattin übergeht und nicht gekündigt wird, so ist dazu eine entsprechende Vereinbarung im Mietvertrag notwendig. Sie als Vermieter müssten dazu auf das Kündigungsrecht gemäß § 1116a ABGB vertraglich verzichten.

Kein Risiko eingehen

Beabsichtigen Sie die Veräußerung Ihres Einfamilienhauses, das gerade vermietet ist, so müssen Sie diesen Umstand unbedingt in den Kaufvertrag aufnehmen. Insbesondere muss sich Ihr Käufer zur Übernahme dieses Mietvertrages verpflichten.

Verkauf der Liegenschaft

Auch beim Verkauf der Liegenschaft samt Einfamilienhaus sieht das ABGB eine Schlechterstellung des Mieters gegenüber jenem einer Eigentumswohnung vor. Der Hauskäufer tritt zwar in den bestehenden Mietvertrag ein, allerdings kann er gemäß § 1120 ABGB aus Anlass des Erwerbs den Mieter ungeachtet einer vertraglichen Befristung kündigen (Grundsatz „Kauf bricht Miete"). Dies ist nur dann ausgeschlossen, wenn der Mietvertrag im Grundbuch angemerkt ist.

Dabei ist aber Folgendes zu beachten: Kommt es beim Mieter durch eine derartige Kündigung zu einem Schaden, so muss ihm sein Vermieter (Verkäufer) Schadenersatz leisten. Besteht ein befristeter Mietvertrag, so haben Sie als Vermieter sich verpflichtet, Ihrem Mieter für die vereinbarte Vertragsdauer die ungestörte Nutzung des Objektes zu ermöglichen. Verkaufen Sie die Liegenschaft während der Dauer des Mietverhältnisses, müssen Sie Ihre mietvertraglichen Pflichten auf den Käufer überwälzen, um nicht selbst schadenersatzpflichtig zu werden. Dies geschieht dadurch, dass im Kaufvertrag ausdrücklich die Überbindung des Mietvertrages auf den Käufer vereinbart wird. Dem Erwerber eines Einfamilienhauses steht der besondere Kündigungsgrund gemäß § 1120 ABGB nur dann nicht offen, wenn der Mietvertrag im Grundbuch angemerkt ist.

Service

Adressen/Links

Stichwortverzeichnis

Verein für Konsumenteninformation (VKI)

www.vki.at

www.konsument.at
Online-Ausgabe unseres Testmagazins KONSUMENT

www.verbraucherrecht.at
Neuigkeiten aus dem Rechtsbereich für Konsumenten

Telefonische Beratung
Die Experten unseres Beratungszentrums sind unter Tel. 01 588 77-0 erreichbar (Mo – Fr 9 – 13 Uhr)

Persönliche Rechtsberatung
Wien: Mariahilfer Straße 81, Tel. 01 588 77-0
(Terminvereinbarung, Mo und Mi 9 – 18 Uhr, Di, Do und Fr 9 – 16 Uhr, Kostenbeitrag 20 €)
Innsbruck: Maximilianstraße 9, Tel. 0512 58 68 78 (Mo–Do 8–12 Uhr)

Österreichischer Mieter-, Siedler- und Wohnungseigentümerbund (ÖMB)

Lichtenfelsgasse 7, 1010 Wien
Tel. 01 512 53 60 Fax 01 512 53 60-10
E-Mail: service@mieterbund.at www.mieterbund.at

Kärnten
8.-Mai-Straße 47/2, 9020 Klagenfurt
Tel. 0463 5862-21

Niederösterreich
Ferstlergasse 4, 3109 St. Pölten
Tel. 02742 9020-5600

Salzburg
Merianstraße 13, 5020 Salzburg
Tel. 0662 86 98-0

Steiermark
Eggenberger Allee 31, 8020 Graz
E-Mail: service@mieterbund-stmk.at

Tirol
Adamgasse 7, 6020 Innsbruck
Tel. 0512 57 77 57

Vorarlberg
Römerstraße 12, 6901 Bregenz
Tel. 05574 49 07-14

Gemeinschaft der Wohnungseigentümer (GdW)

Kampfstraße 20, 1140 Wien
Tel. 0664 214 91 75 Fax 01 504 20 78
E-Mail: info@gdw.at

Stadt Wien

Homepage der Stadt Wien
www.wien.gv.at/index/wohnen.htm

Zum Thema Wohnen finden Sie dort umfangreiche Informationen zur Hauptmietzinshöhe (Lagezuschlag, Kriterien für Zu- und Abschläge beim Richtwertmietzins), zu Beihilfen und Unterstützungen sowie alles über die Wohnbauförderung bzw. Wohnhaussanierung und geförderte Wohnungsverbesserung

Mieterhilfetelefon
Tel. 01 4000-25900

Immobilienmakler und Vermögenstreuhänder

Bundesinnung der Immobilien- und Vermögenstreuhänder
Wiedner Hauptstraße 57, 1040 Wien
Tel. 05 90 900 5522
E-Mail: immobilienwirtschaft@wko.at www.wkimmo.at

Interessante Internet-Links zu Wohnen und Recht

Der Amtshelfer im Internet
www.help.gv.at

Parlament – Parlamentarische Materialien und Gesetzesvorschläge
www.parlament.gv.at

Bundes- und Landesgesetze im Internet
www.ris.bka.gv.at

Gerichtsentscheidungen
www.ris.bka.gv.at/jus
www.ogh.gv.at

Volksanwaltschaft
www.volksanw.gv.at

Immobilien verkaufen, 2. Auflage

Beim Immobilienverkauf geht es um viel Geld – gute Information zählt: Wie viel ist die Immobilie eigentlich wert? Braucht man einen Makler und was kostet das? Worauf muss man bei Erstellung eines Kaufvertrags achten? Welche Pflichten treffen den Verkäufer?

ISBN 978-3-99013-023-0
148 Seiten, brosch., € 19,60

Wohnen im Eigentum, 6. Auflage

Praxisgerecht und aktualisiert in 6. Auflage: Dieses Buch hilft, die geeignete Wohnung zu finden. Außerdem: Alles über Kauf, Finanzierung, Fallen in Verträgen und die Rechte als Wohnungsbesitzer – und wie man diese auch durchsetzen kann. Mit allen gesetzlichen Neuerungen der letzten Jahre.

ISBN 978-3-99013-078-0
168 Seiten, brosch., € 19,90

Wenn Nachbarn nerven ..., 3. Auflage

Ihre Rechte als Nachbar, ob Sie zur Selbsthilfe greifen dürfen und wann Sie besser zu Gericht gehen. Außerdem: Was zumutbar bzw. ortsüblich ist und alles über den Nachbar im Bau- und Gewerberecht. Zahlreiche Fallbeispiele aus der Praxis und viele praktische Tipps zur Lösung von Nachbarschaftskonflikten.

ISBN 978-3-99013-045-2
196 Seiten, brosch., € 16,90

Weitere KONSUMENT-Bücher
im Buchhandel oder im Online-Shop auf www.konsument.at

Weitere KONSUMENT-Bücher im Buchhandel oder im Online-Shop auf www.konsument.at

Genossenschaftswohnungen, 2. Auflage

Das Buch informiert über Wohnungsangebote gemeinnütziger Bauvereinigungen: Suche nach einer geförderten Wohnung, Vertragsabschluss, Ablöse und Investitionskostenersatz, Rechte und Pflichten der Mieter, Beendigung des Mietverhältnisses sowie Möglichkeiten des käuflichen Erwerbs.

ISBN 978-3-99013-059-9
176 Seiten, brosch., € 16,90

Wohnkredite absichern

Welche Möglichkeiten gibt es, Kredite für Wohnungs- und Hauskauf gegen (zu) stark steigende Zinsen abzusichern? Wie kann man Fremdwährungsrisiken minimieren? Dieses Buch gibt Einblick in die Wirkungsweise von Finanzprodukten, die kaum ein Kreditnehmer kennt. Beispiele aus der Praxis veranschaulichen, worauf es beim Absichern von Kreditrisiken ankommt.

ISBN 978-3-902273-95-6
184 Seiten, brosch., € 14,90

Fertighaus und Recht, 2. Auflage

Das Angebot an Fertighäusern ist enorm: In unserem Buch erfahren Sie, welche Vor- und Nachteile Fertighäuser haben und worauf Sie bei Bauweise, Ausstattung und Verträgen achten müssen. Außerdem: Was tun, wenn es zu Problemen kommt.

ISBN 978-3-99013-017-9
140 Seiten, brosch., € 14,90

Mietrecht in Österreich, 7. Auflage

Alle Infos zu den Themen verschiedene Mietverhältnisse, unterschiedliche Mietzinse, Wohnungssuche, Mietverträge, Befristungen, Betriebskosten und auch Rechtsdurchsetzung. Völlig neu überarbeitet und auf dem neuesten Stand des Mietrechtsgesetzes.

ISBN 978-3-99013-070-4
184 Seiten, Flexcover, € 19,90

Wohnen ohne Gift, 3. Auflage

Die bereits 3. Auflage unseres Buches zeigt, wie man mögliche Schadstoffquellen erkennen und sein Heim so gestalten kann, dass man sich wohlfühlt und keinen unnötigen Risiken ausgesetzt ist. Außerdem: Umfangreicher Serviceteil mit Literatur, Adressen und Links zum Thema.

ISBN 978-3-902273-94-9
148 Seiten, Flexcover, € 14,90

Hauskauf ohne Risiko

Das Buch hilft beim vermutlich größten finanziellen Abenteuer des Lebens: Viele Tipps zu Finanzierung und Kaufvertrag, wie man den Renovierungs- und Sanierungsbedarf eines älteren Hauses abschätzen kann sowie alles über Nebenkosten und Fördermaßnahmen.

ISBN 978-3-99013-015-5
144 Seiten, brosch., € 14,90

Weitere KONSUMENT-Bücher
im Buchhandel oder im Online-Shop auf www.konsument.at

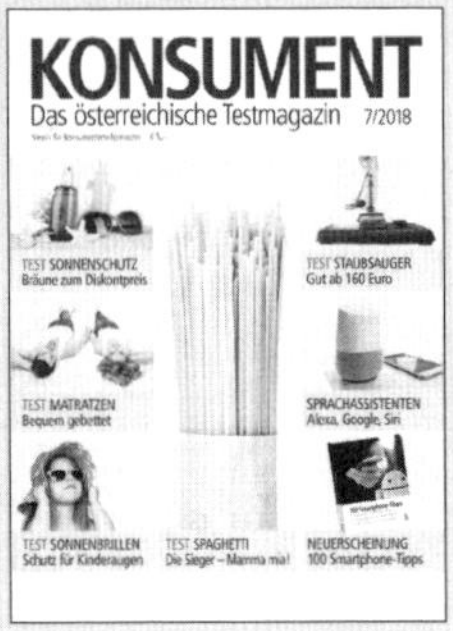

Das österreichische Testmagazin

Ihr Ratgeber für den täglichen Einkauf.
Jeden Monat mit Tests, Reports und Analysen.
Ohne Inserate, deshalb unabhängig von Firmen.
Nur dem Leser verpflichtet.

Beratung & Konsumentenschutz

Wir beraten Sie vor und nach dem Kauf.
Und helfen Ihnen, zu Ihrem Recht zu kommen.
In **Musterprozessen** zeigen wir Missstände auf.
Besserer Konsumentenschutz ist das Ziel.

Test-Urteile

Test ist nicht gleich Test.
Nur Konsumentenschutzorganisationen wie der VKI
prüfen nach international anerkannten Standards.
Deshalb ist auf unsere Testergebnisse Verlass.
Strenge Qualitätsrichtlinien zeichnen unsere Arbeit aus.

Wir sind für Sie da

Aboservice
Für Fragen zu Ihrem KONSUMENT-Abonnement, für Adressänderungen
sowie für Buchbestellungen wählen Sie Tel. 01 588 774
(Mo–Do 8–16 Uhr, Fr 8 – 14 Uhr)

Beratung
Die Experten unseres Beratungszentrums sind unter Tel. 01 588 77-0 erreichbar
(Mo – Fr 9 – 13 Uhr)

Persönliche Beratung
Wien: Mariahilfer Straße 81, Tel. 01 588 77-0 (Terminvereinbarung,
Mo und Mi 9 – 18 Uhr, Di, Do, Fr 9 – 16 Uhr, Kostenbeitrag 20 €)
Innsbruck: Maximilianstraße 9, Tel. 0512 58 68 78 (Mo – Do 8 – 12 Uhr)

Besuchen Sie uns im Internet **www.konsument.at**